中国国家博物馆
NATIONAL MUSEUM OF CHINA

China's A

新 时 代

鉴往知远

Learn from the Past and Know the Future:

ological Achievements in the New Era

考古成果展

编辑委员会
EDITORIAL BOARD

图录项目组
CATALOGUE EDITORIAL TEAM

策展团队
EXHIBITION TEAM

策展人 / Curator
赵永 Zhao Yong

策展助理 / Curatorial Assistant
石娲 Shi Wa
杨玥 Yang Yue
武雨佳 Wu Yujia

形式设计 / Form Designer
何欣 He Xin
上官天梦 Shangguan Tianmeng
邢子琦 Xing Ziqi
连洁茜 Lian Jiexi

行政协调 / Administration Coordination
刘政 Liu Zheng

展览协调 / Exhibition Coordination
陈凯 Chen Kai

文物加固 / Cultural Relics Reinforcement
廉成海 Lian Chenghai
王浩 Wang Hao
蔡利涛 Cai Litao

新闻传播 / Press Office
石静涛 Shi Jingtao

翻译支持 / Proofreader
夏美芳 Xia Meifang

文物保护 /Cultural Relics Protection
张鹏宇 Zhang Pengyu

财务保障 / Accounting
胡嘉文 Hu Jiawen

设备保障 / Facilities
彭光溪 Peng Guangxi

后勤保障 / Logistics Support
郭靖 Guo Jing

安全保障 / Security
朱春红 Zhu Chunhong
黄冬磊 Huang Donglei

主办单位
SPONSORS

中共中央宣传部 Publicity Department of the Communist Party of China

文化和旅游部 Ministry of Culture and Tourism of the People's Republic of China

国家文物局 National Cultural Heritage Administration

承办单位
ORGANIZERS

中国国家博物馆 National Museum of China

上海博物馆 Shanghai Museum

南京博物院 Nanjing Museum

湖南博物院 Hunan Museum

河南博物院 Henan Museum

陕西历史博物馆 Shaanxi History Museum

湖北省博物馆 Hubei Provincial Museum

浙江省博物馆 Zhejiang Provincial Museum

辽宁省博物馆 Liaoning Provincial Museum

重庆中国三峡博物馆 Chongqing China Three Gorges Museum

首都博物馆 Capital Museum

山西博物院 Shanxi Museum

支持单位
SUPPORTED BY （按首字母排名）

宝鸡市陈仓区博物馆 Chencang District Museum, Baoji City
宝鸡市渭滨区博物馆 Weibin District Museum, Baoji City
保山市博物馆 Museum of Baoshan City
重庆市文物考古研究院 Chongqing Cultural Relics and Archaeology Research Institute
甘肃省文物考古研究所 Gansu Provincial Institute of Cultural Relics and Archaeology
广东海上丝绸之路博物馆 Maritime Silk Road Museum of Guangdong
广东省文物考古研究院 Guangdong Provincial Institute of Cultural Relics and Archaeology
河北省文物考古研究院 Hebei Provincial Institute of Cultural Relics and Archaeology
河南省文物考古研究院 Henan Provincial Institute of Cultural Heritage and Archaeology
黑龙江省文物考古研究所 Heilongjiang Provincial Institute of Cultural Relics and Archaeology
湖北省博物馆 Hubei Provincial Museum
湖北省文物考古研究院 Hubei Provincial Institute of Cultural Relics and Archaeology
湖南省文物考古研究院 Hunan Provincial Institute of Cultural Relics and Archaeology
吉林省文物考古研究所 Jilin Provincial Institute of Cultural Relics and Archaeology
泾川县博物馆 Jingchuan Museum
良渚博物院 Liangzhu Museum
辽宁省文物考古研究院 Liaoning Provincial Institute of Cultural Relics and Archaeology
洛阳市考古研究院 Luoyang City Culutral Relics and Archaeology Research Institute
南昌汉代海昏侯国遗址博物馆 Nanchang Relic Museum for Haihun Principality of Han Dynasty
南京博物院 Nanjing Museum
南阳文物保护研究院 Nanyang Institute for the Preservation of Cultual Heritage
内蒙古自治区文物考古研究院 Inner Mongolia Institute of Cultural Relics and Archaeology
盘龙城遗址博物院 Panlongcheng Site Museum
青海省文物考古研究院 Qinghai Institute of Cultural Relics and Archaeology
山东大学 Shandong University
山东省文物考古研究院 Shandong Provincial Institute of Cultural Relics and Archaeology
陕西历史博物馆 Shaanxi History Museum
陕西省考古研究院 Shaanxi Academy of Archaeology
上海博物馆 Shanghai Museum
四川省文物考古研究院 Sichuan Archaeology Research Institute
苏州市考古研究所 Suzhou Archaeological Research Institute
随州市博物馆 Suizhou Museum
天门市博物馆 Tianmen Museum
西安市文物保护考古研究院 Xi'an Institute of Cultural Heritage Conservation and Archaeology
西藏自治区阿里地区札达县文化旅游和体育局 Culture Tourism and Sports Bureau of Zhada County, Ali Prefecture, Xizang Autonomous Region
西藏自治区文物保护研究所 Institute of Cultural Relics Protection of Xizang Autonomous Region
锡林郭勒博物馆 Xilin Gol League Museum
延安市文物研究院 Yan'an Cultural Relics Research Institute
沂水县博物馆 Yishui County Museum
云南省文物考古研究所 Yunnan Institute of Cultural Relics and Archaeology
张家港博物馆 Zhangjiagang Museum
浙江省文物考古研究所 Zhejiang Provincial Institute of Cultural Relics and Archaeology
郑州市文物考古研究院 Zhengzhou Institute of Cultural Heritage and Archaeology
中国社会科学院考古研究所 The Insitute of Archaeology, Chinese Academy of Social Sciences

延伸历史轴线

增强历史信度

丰富历史内涵

活化历史场景

前　言

实证我国百万年人类史、一万年文化史、五千多年文明史，深刻认识中华文明的源远流长，深切感悟中华文化的博大精深，离不开考古学。习近平总书记高度重视考古工作在展示和构建中华民族历史、中华文明瑰宝方面的重大作用，突出强调要"加强考古成果和历史研究成果的传播，教育引导广大干部群众特别是青少年认识中华文明起源和发展的历史脉络，认识中华文明取得的灿烂成就，认识中华文明对人类文明的重大贡献，不断增强民族凝聚力、民族自豪感"。此次由中共中央宣传部、文化和旅游部、国家文物局共同主办，中国国家博物馆携手11家央地共建博物馆共同承办的"鉴往知远——新时代考古成果展"，就是深入贯彻习近平总书记重要指示精神，全面展示新时代我国考古工作取得的重大进步和辉煌成就，在全社会营造传承中华文明的浓厚氛围，增强历史自信、文化自信的具体举措。

本次展览以2012年以来的全国十大考古新发现为重点，系统汇集展示全国44家文博考古机构近400件最新考古出土文物，涵盖从旧石器时代到宋元多个时期，涉及从田野考古到水下考古、从边疆考古到丝绸之路考古多个领域，包括四川稻城皮洛遗址、山西绛县西吴壁遗址、陕西宝鸡石鼓山西周墓地、青海都兰血渭一号墓等重大考古发现，以"走向文明""协和万邦""海宇攸同""殊方共享"四个部分，生动讲述中国境内人类起源、文明起源、中华文明形成、统一多民族国家建立和发展历程，充分展示中华文明对人类文明的重大贡献，完整呈现中华民族和中华文明多元一体、家国一体的形成发展过程。

中华文明源远流长，从未中断，塑造了我们伟大的民族。习近平总书记指出，"只有全面深入了解中华文明的历史，才能更有效地推动中华优秀传统文化创造性转化、创新性发展，更有力地推进中国特色社会主义文化建设，建设中华民族现代文明"。中国国家博物馆作为代表国家收藏、研究、展示、阐释中华文化代表性物证的最高历史文化艺术殿堂，历来高度重视考古成果的挖掘、展示、阐释，近年来多次举办考古发现展，宣传展示最新考古成果，受到社会公众普遍欢迎。衷心希望本次展览能够通过展示我国重大考古发现及成果，让广大观众更好地认识源远流长、博大精深的中华文明，增强做中国人的志气、骨气、底气，担负起新的文化使命，努力建设中华民族现代文明，为实现中华民族伟大复兴汇聚磅礴力量。

PERFACE

Archaeology plays an indispensable role in proving that China enjoys a human history of a million years, a cultural history of 10,000 years, and a civilization history of over 5,000 years and in understanding the long history behind Chinese civilization and the extensiveness and profundity of Chinese culture. Chinese President Xi Jinping attaches great importance to the significant role of archaeological work in presenting and constructing the history of Chinese nation and the heritage of Chinese civilization. He emphasizes the need to do a better job in disseminating archaeological and historical research results and encouraging officials and the general public, especially the youth, to understand the historical context of how Chinese civilization originated and developed, to recognize the splendid achievements of Chinese civilization, and to comprehend its significant contributions to human civilization, so as to continuously enhance national cohesion and pride. The exhibition "Learn from the Past and Know the Future: China's Archaeological Achievements in the New Era" is co-hosted by the Publicity Department of the Communist Party of China, the Ministry of Culture and Tourism, and the National Cultural Heritage Administration. It is co-organized by the National Museum of China and 11 museums nationwide. Being a concrete initiative aimed at thoroughly implementing President Xi's important instructions, this exhibition demonstrates the significant progress and remarkable achievements in China's archaeological work in the new era, so as to create a rich atmosphere among the Chinese public for inheriting Chinese civilization and enhancing historical and cultural confidence.

This exhibition focuses on the annual top ten archaeological discoveries nationwide since 2012. It pulls together and systematically displays nearly 400 latest archaeological finds from 44 cultural or archaeological institutions across the country. The artifacts span from the Paleolithic Age to the Song and Yuan period (960–1368), covering field archaeology, underwater archaeology, borderland archaeology, and Silk Road archaeology. Notable archaeological discoveries include: the Piluo site in Daocheng county, Sichuan province; the Xiwubi site in Jiangxian county, Shanxi province; the Western Zhou cemetery at Shigushan in Baoji city, Shaanxi province; and the Xuewei Tomb No.1 in Dulan county, Qinghai province. Divided into four sections, the exhibition vividly narrates the historical journey China took: The Dawn of Civilization, Harmony among All, Unification of the Country and Sharing a Common Future. It fully showcases the significant contributions of Chinese civilization to human civilization, offering a comprehensive presentation of the diverse yet integrated development of the Chinese nation and its civilization.

With a long and continuous history, Chinese civilization has shaped the great Chinese nation. President Xi has pointed out that, "A profound understanding of the history of Chinese civilization is essential to promoting the creative transformation and innovative development of fine traditional Chinese culture in a more effective manner, pushing ahead with the building of a cultural sector with Chinese characteristics more strongly, and developing a modern Chinese civilization." The National Museum of China as a top institution of history, culture, and art that collects, researches, displays, and interprets the emblematic evidence of Chinese culture has consistently attached great importance to the presentation and interpretation of archaeological achievements. In recent years, the museum launched multiple exhibitions showcasing the latest archaeological achievements and has thus gained widespread recognition and appreciation from the general public. Through China's significant archaeological finds and achievements, we sincerely hope that the current exhibition will enable the vast audience to better understand the ancient and profound Chinese civilization. We also hope it will strengthen the Chinese audience's determination, pride, and confidence in being Chinese, inspiring them to shoulder new cultural responsibilities. We expect to see that, through the exhibition, they will strive to build a modern Chinese civilization and converge into an immense force in contributing to the realization of the great rejuvenation of the Chinese nation.

目　录
CONTENTS

协和万邦
Harmony among All **89**

礼乐吉金
Bronzes for Rituals and Music 90

海宇攸同
Unification of the Country 245

容融共生
Harmonious Coexistence 246

走向文明

The Dawn of Civilization

中华文明源远流长，博大精深。中国是人类演化的重要地区之一，百万年前，远古先民就在这片土地上繁衍生息。一万年前，农业的产生使各地出现了小型定居村落，为文明的产生奠定了基础。随着社会开始分化，文明起源的进程也同时开启，中华文明逐渐呈现出多元起源、丰富多彩的样态，并相互交流，逐渐融合，形成了共同的文化基因，奠定了统一多民族国家形成和发展的基础。新时代考古工作进一步实证了我国百万年的人类史、一万年的文化史、五千多年的文明史。

Extensive and profound, the Chinese civilization has a long history behind it. China is one of the primary regions in human evolution, where its distant ancestors thrived over a million years ago. Agriculture, which emerged here 10,000 years ago, gave rise to small, settled villages across various regions, laying the foundation for Chinese civilization. With society's stratification, civilization began to emerge. Chinese civilization gradually took on a diverse character in terms of its origin, with various cultures interacting and merging with each other to form a shared cultural gene. The process established the basis for creating and developing a unified multi-ethnic nation. Archaeological work in the new era has further proved China's millennial human history, 10,000-year cultural history, and 5,000-year civilization history.

远古家园

Ancient Homeland

中国是世界上古人类资源最为丰富的地区之一。近年来，大量旧石器地点及文化遗存的发现，使得早期人类在中国大陆发展、演化的图景日益清晰。超过百万年的人类发展史为我国一万年文化史和五千多年文明史的发展、演进奠定了坚实基础。

China is one of the world's regions with the most substantial resources from ancient humans. In recent years, the discovery of numerous Paleolithic sites and cultural remains is increasingly shedding more light on humans' early development and evolution on the Chinese mainland. The history of human evolution spanning over a million years has laid a solid foundation for the evolution and development of China's 10,000-year cultural history and 5,000-year civilization history.

名称	湖北十堰学堂梁子遗址
介绍	学堂梁子遗址是一处集古人类、古生物和石制品于一体的旧石器时代遗址，曾先后发现"郧县人"1号和"郧县人"2号头骨化石。2022年新发现的"郧县人"3号头骨化石是迄今欧亚内陆发现的同时代最为完好的古人类头骨化石，保留了该阶段人类重要而稀缺的解剖学特征，距今约100万年，再次实证了中华大地百万年人类史。

动物化石、石器（10件）

旧石器时代
湖北十堰学堂梁子遗址出土
湖北省文物考古研究院藏

　　学堂梁子遗址出土的石器种类主要有手斧、手镐、砍砸器、刮削器等。动物种类有虎、剑齿象、野猪、鹿、牛等，总体属于早更新世晚期森林型动物群。

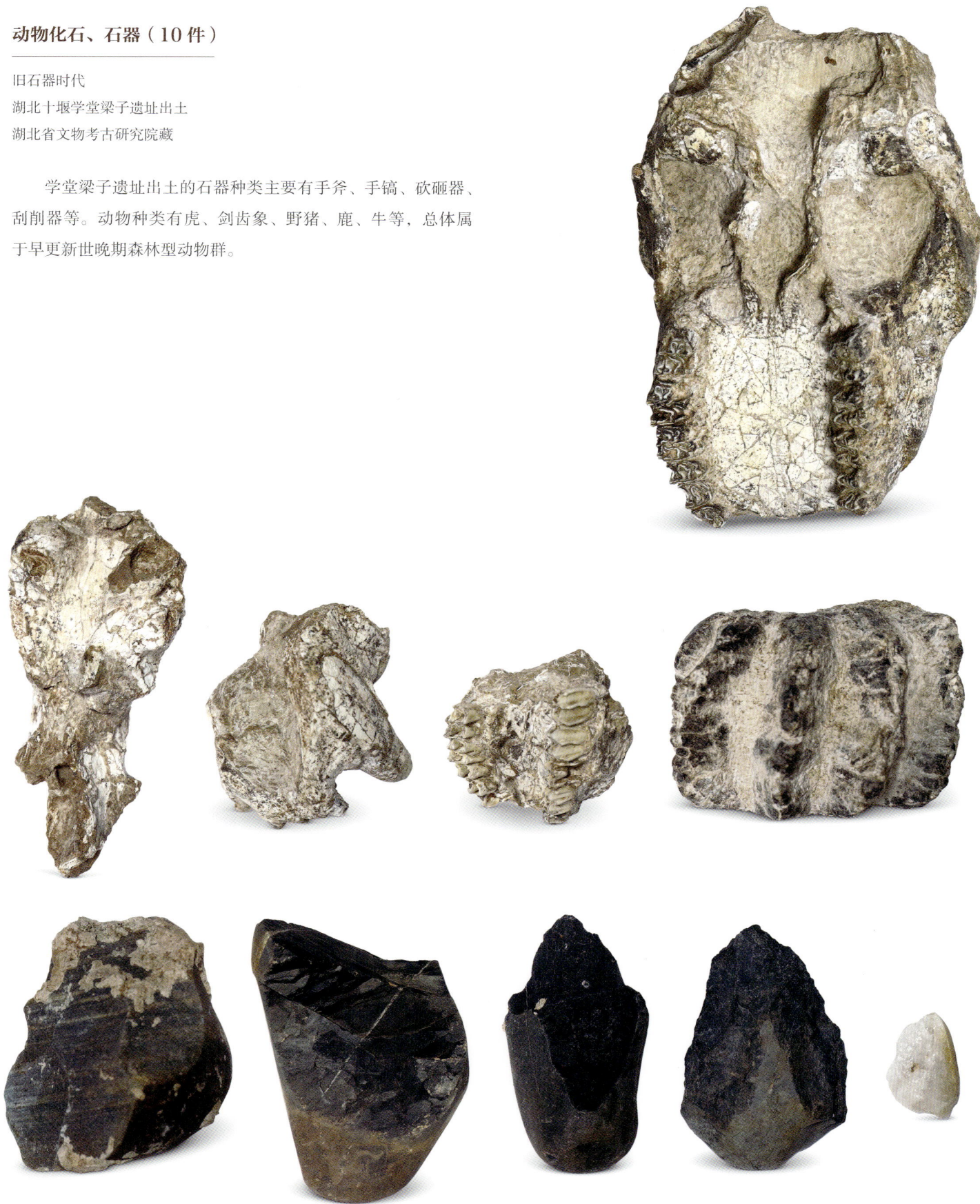

名称	四川稻城皮洛遗址
介绍	皮洛遗址是迄今青藏高原考古发现的遗址中面积最大、地层保存最完整、文化类型最丰富多样的旧石器时代遗址，也是目前世界上海拔最高的阿舍利技术遗存，打破了"莫维斯线"，填补了东亚阿舍利技术体系的一个关键空白区和缺环，串联起印巴次大陆、中国南北方直至朝鲜半岛的阿舍利文化传播带，对于认识东西方远古人群迁徙和文化传播交流具有特殊的价值与意义。

薄刃斧

———

旧石器时代

长 17.1 厘米，宽 10.2 厘米，厚 3.9 厘米

四川稻城皮洛遗址出土

四川省文物考古研究院藏

　　原料为角岩，两面打制修理，加工精美，是国内难得的典型器型。其执握部位圆钝，端部扁薄、平直、锋利，似斧头的刃口，故得名"薄刃斧"，主要承担砍伐、切割等功能。

手斧

——

旧石器时代

长 13.8 厘米，宽 8.76 厘米，厚 2.3 厘米

四川稻城皮洛遗址出土

四川省文物考古研究院藏

　　原料为角岩，形状呈标准水滴形。手斧是旧石器时代早期
人类创造并使用的重要工具，也是人类历史上第一种定型工具。
具有对称性、多功能性，兼具审美和实用功能，可用于切割、
挖掘、砍伐等。

石刀

———

旧石器时代

长 14.1 厘米，宽 7.2 厘米，厚 2.5 厘米

四川稻城皮洛遗址出土

四川省文物考古研究院藏

　　原料为角岩，主要打制修理执握的把手部位。用途似刀，故得名"石刀"，主要承担切割等功能。

手镐

旧石器时代
长 14.4 厘米，宽 8 厘米，厚 4.7 厘米
四川稻城皮洛遗址出土
四川省文物考古研究院藏

  原料为角岩，两面打制修理，其横截面呈三角形，此加工目
的是得到坚固不易折断的尖部，端部多圆钝，便于执握，功能
类似镐头，主要承担挖掘植物根茎的功能。

砍砸器

旧石器时代
长 16.5 厘米，宽 13 厘米，厚 8.8 厘米
广东云浮磨刀山遗址出土
广东省文物考古研究院藏

　　磨刀山遗址第 1 地点填补了广东旧石器时代早期文化的空白，将本地区最早有人类活动的历史由距今 13 万年左右大幅提至距今数十万年。遗址出土各类石制品近 400 件，修理较为简单粗糙，主要有砍砸器、手镐、手斧和刮削器等，其中以砍砸器数量为多。

原手斧

————

旧石器时代
长约 11 厘米，宽 6 厘米
湖南沅江虎须山旧石器遗址出土
湖南省文物考古研究院藏

　　该手斧为南洞庭湖及资水流域首次发现的中国原手斧，距今约 10 万年。两面加工较为精致，手握处圆润、尖端锋利，是一件高效的打制石器，集合砍砸器、尖状器、刮削器等功能于一体。

石器（10件）

旧石器时代
陕西南郑疥疙洞遗址出土
陕西省考古研究院藏

疥疙洞遗址不仅出土有距今3万年左右的现代人化石，还发现有丰富的、共生关系清晰的小石片工业系统的石器，为中国乃至东亚地区早期现代人演化自本土古人群的学说提供了重要的考古学证据。

人文初开

Beginning of Human Culture

　　距今一万年前后，我们的祖先在进入新石器时代之际，农业起源也随之开启。在中国独特的地理环境条件下，形成了南稻北粟两大农业体系的雏形。农业的产生使各地出现了小型定居村落，手工业进一步发展，社会出现了分化的端倪，为文明的产生奠定了基础。

Around 10,000 years ago, agriculture originated as the Chinese ancestors entered the Neolithic Age. Under China's unique geographical conditions, the rudiments of two major agricultural systems took shape: rice cultivation in the South and millet cultivation in the North. The advent of agriculture led to the formation of small, settled villages across various regions, the further development of handicrafts, and the initial social stratification, laying the groundwork for the emergence of civilization.

名称	浙江义乌桥头遗址
介绍	桥头遗址是上山文化中晚期的典型聚落遗址之一，距今约9000年。环壕–台地的聚落布局、丰富而精美的陶器，为认识当时人类的社会结构、彩陶文化以及精神信仰等提供了新的材料。

陶罐

新石器时代　上山文化
高 19.4 厘米，口径 10.2 厘米，腹径 14 厘米
浙江义乌桥头遗址出土
浙江省文物考古研究所藏

桥头遗址发现的彩陶可分为红色薄彩和乳白色厚彩两种。这件陶罐的器身遍施红衣，肩颈结合部有四组两两对应的白色点彩。双耳之间的两组为双排短线，正对盲耳的两组为单排短线。双排短线均有六行十二道。单排的七道短线，上两道为凹形，下五道为拱形，且第二道凹形短线最长，几乎将第一道短线包裹起来。有学者推测这些点彩图案应非简单的装饰线段的排列，其笔道间包含着的构图逻辑，应具有一定的符号意义。

圈足陶盘

新石器时代 上山文化
高 6.5 厘米，口径 14.7 厘米，底径 13.5 厘米
浙江义乌桥头遗址出土
浙江省文物考古研究所藏

这件陶盘为敛口、浅弧腹、平底，有圈足，在制作和装饰上十分考究。口沿内侧一周及器身外壁均施红陶衣，圈足以竖条镂空作装饰，足底一周施红彩，陶盘内壁及圈足镂孔间施乳白色的厚彩。这件陶盘可能兼有祭祀用具的功能。

彩陶片

新石器时代 上山文化
长 7 厘米，宽 6 厘米
浙江义乌桥头遗址出土
浙江省文物考古研究所藏

这件陶片应是一钵碗类的残片，陶质较细腻，器壁施红陶衣。口沿处有白色点彩，器壁残见三个几何形图案，各不相同，为填涂而成，与顿点连缀的点彩手法有着本质的差异。完整的两个几何图案，一为带着一周辐射短线的圆形，一为两个顶角相对的三角形。还有一个残见填涂白色的直角形图案。

陶壶
———
新石器时代 上山文化

高 22.5 厘米，口径 7 厘米，底径 6 厘米

浙江义乌桥头遗址出土

浙江省文物考古研究所藏

　　该壶的外壁涂抹一层红色陶衣，内壁表面覆盖一层细腻的乳白色涂敷层，体现出制陶和装饰的高超工艺。

炭化稻米

新石器时代 上山文化
浙江义乌桥头遗址出土
浙江省文物考古研究所藏

　　在上山遗址年代属于上山文化早期的灰坑中，发现了一粒属于驯化初级阶段的原始栽培稻。同时，在义乌桥头遗址等地也发现了数量丰富的炭化稻米，表明在上山文化中晚期水稻的食用更加普遍。

名称	浙江宁波余姚井头山遗址
介绍	井头山遗址是目前中国沿海地区埋藏最深、年代最早的海岸贝丘遗址，距今约8000年，其中发现了大量人类的生产工具和生活遗存，显示出当时沿海地区人们的生存方式带有浓郁的海洋文化特征。该遗址所代表的文化类型，应是河姆渡文化的主要来源或直系祖源。

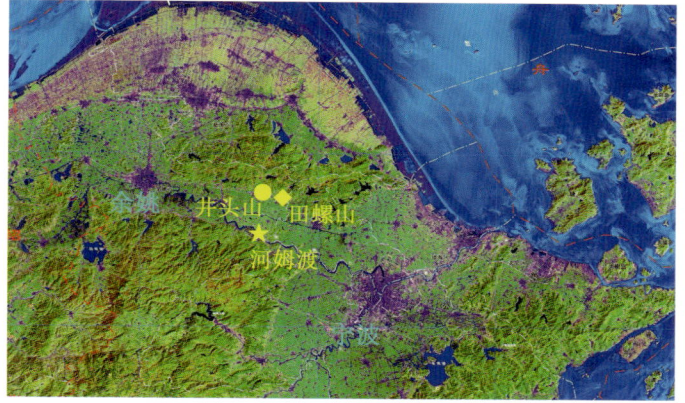

带支脚陶釜

新石器时代

釜高 27.2 厘米、口径 21 厘米，支脚高 22.6 厘米

浙江宁波余姚井头山遗址出土

浙江省文物考古研究所藏

　　近直口，深腹，器表饰绳纹。年代距今约 8300 年，是迄今中国沿海地区出土的最早炊器。

名称	河南舞阳贾湖遗址新发现
介绍	2013年，贾湖新石器时代遗址发现了一些新的文化现象，如一墓三笛、制作精美的象牙雕板、随葬有大量高质且精美的绿松石串饰的墓葬、有可能是为房屋奠基或祭祀的埋葬现象等。这些发现为中原地区和淮河流域新石器时代人类文化交流、生业结构等方面的研究提供了丰富的资料。

石磨盘、石磨棒

新石器时代　裴李岗文化

石磨盘最长 52.5 厘米，最宽 26.8 厘米，高 5.5 厘米

石磨棒长 28.5 厘米，宽 4.6 厘米，高 3.6 厘米

河南舞阳贾湖遗址出土

河南省文物考古研究院藏

　　贾湖遗址发现了粮食加工用具近 200 件，有石杵、石磨盘两种。磨盘和磨棒都由石英砂岩制成，是用作稻谷脱粒的工具。

绿松石饰品（10件）

新石器时代　裴李岗文化
长 1.3~5.4 厘米
河南舞阳贾湖遗址出土
河南省文物考古研究院藏

贾湖遗址出土的绿松石色彩丰富，造型简单，不加雕琢，距今约9000年，是目前世界已知最早的绿松石饰品。墓葬中随葬数量如此之多的绿松石串饰，暗示着这片墓地的主人可能拥有与其他墓地主人不同的身份、地位、财富或埋葬习俗，表明当时可能在墓葬等级和分区上已有了一定程度的分化。

名称	甘肃张家川圪垯川遗址
介绍	圪垯川遗址是黄河流域目前发现保存最完整、内涵最丰富的仰韶文化早期聚落之一，是陇西黄土高原继大地湾遗址之后又一重要考古发现，代表了仰韶文化发展中的关键时期，证实了陇西地区与关中和中原地区一样是仰韶文化的又一中心，在中华文明起源过程中具有重要地位。

石钺

———

新石器时代　仰韶文化
高 15 厘米，宽 12 厘米
甘肃张家川圪垯川遗址出土
甘肃省文物考古研究所藏

　　圪垯川大型石钺和玉权杖头的发现，表明社会内部已存在分层和分化。

深腹罐

新石器时代 仰韶文化

高 16 厘米，口径 14.6 厘米，底径 7.4 厘米

甘肃张家川圪垯川遗址出土

甘肃省文物考古研究所藏

炭化粟黍

新石器时代 仰韶文化
甘肃张家川圪垯川遗址出土
甘肃省文物考古研究所藏

遗址中心广场发现的一座窖穴是目前所见的仰韶时期单体规模最大的粮仓，容积近 60 立方米，底部残存有近 10 立方米的炭化粟黍，为研究仰韶早期农业发展提供了实物资料。

名称	黑龙江饶河小南山遗址
介绍	小南山遗址墓葬遗存物品涵盖了旧石器时代、新石器时代、青铜时代三个时期的文化特征，跨度达1.5万年，对构建黑龙江下游乃至滨海地区考古学文化序列意义重大。出土的玉器是最惹人注目的发现之一，为中国玉文化的起源、传播以及早期玉器加工技术等问题的研究提供了宝贵的资料。

小南山遗址累计发现了200余件玉器，种类包括玦、环、管、珠、扁珠、璧饰、锛形坠饰和玉斧等，构成了迄今所知中国最早的玉文化组合面貌。尤其是玦饰、玉管、璧饰等，对其后的东亚玉器文化产生了巨大的影响。

玉环

新石器时代
外直径 3.9 厘米
黑龙江饶河小南山遗址出土
黑龙江省文物考古研究所藏

玉管

新石器时代
长 3.6 厘米，外直径 1.6 厘米
黑龙江饶河小南山遗址出土
黑龙江省文物考古研究所藏

玉环

新石器时代
外直径 4.2 厘米
黑龙江饶河小南山遗址出土
黑龙江省文物考古研究所藏

玉环

新石器时代
外直径 3.8 厘米
黑龙江饶河小南山遗址出土
黑龙江省文物考古研究所藏

早期文明

Early Civilization

中华文明从哪里来，从何时起，历来就是重大研究课题。中国考古学对中华文明的起源、形成、发展的历史脉络，对中华文明多元一体格局的形成和发展过程，对中华文明的特点及其形成原因等，都有了更为清晰的认识，提出了文明定义和文明形成标准的中国方案，实证了中华五千多年文明。

The questions of where Chinese civilization originated and when it started have always been a primary research topic. Chinese archaeologists have an increasingly clear understanding of the origin, formation, and evolution of Chinese civilization. So do they have a firm grasp of the formation and development of the unity-in-diversity pattern of Chinese civilization, its characteristics, and the causes for its formation. Based on these, Chinese archaeologists have put forward the Chinese solutions for defining civilization and standardizing its formation and have provided evidence for the Chinese civilization spanning over 5,000 years.

壹 · 繁星满天

　　距今6000年至5100年前后，中华文明起源节奏加速，黄河、长江中下游以及西辽河等区域出现了文明起源迹象，各地区文化宛若"满天星斗"，相互交融。距今5100年至4300年，长江、黄河中下游相继进入文明阶段。我国的文明进程逐渐呈现出"多元并进，中原领先"的发展格局。

中原地区

名称	河南巩义双槐树遗址
介绍	双槐树遗址是距今5300年前后经过精心选址的都邑性聚落遗址，是黄河流域仰韶文化中晚期的核心聚落。以双槐树遗址为代表的郑洛地区这一聚落群的发现，填补了中华文明起源的关键时期、关键地区的关键材料。

牙雕蚕

新石器时代　仰韶文化
长 6.4 厘米，宽 0.6~1 厘米，厚 0.1 厘米
河南巩义双槐树遗址出土
郑州市文物考古研究院藏

　　该件用野猪獠牙做成，头尾翘起，生动表现出蚕吐丝时的形态。这是中国目前发现的最早的家蚕形象，为蚕业起源提供了重要物证。

江汉地区

名称	湖北沙洋城河遗址
介绍	城河遗址的考古发掘表明，在距今5000年前后中国史前社会动荡整合的广阔背景下，屈家岭文化在自身高度发展的基础上，在区域间互动中扮演了重要角色。城河遗址城垣—居址—墓葬三位一体的系统发掘，为长江中游地区文明化进程研究，提供了更全面的信息，弥补了江汉之间这一重要地区文明演进历程探索的薄弱环节，有力提高了对该地区在整个中华文明形成过程中发挥的重要作用的深刻认识。

陶豆（4组）

新石器时代　屈家岭文化
高 15~18 厘米，直径 10~13 厘米
湖北沙洋城河新石器时代遗址 224 号墓出土
中国社会科学院考古研究所藏

　　在遗址北城垣外侧的王家榜发现屈家岭文化时期墓葬235
座。几乎所有墓葬都随葬陶器，少则数件，多则60余件。除陶
器外，亦有玉钺、石钺、象牙器、竹编器物、猪下颌骨、漆器
以及疑似木器等遗存。

名称	湖北天门谭家岭遗址
介绍	谭家岭位于石家河遗址核心区，出土了一批造型新颖、工艺精湛的后石家河文化时期的玉器，这是石家河遗址继罗家柏岭、肖家屋脊发现玉器之后的第三次重要发现。这批玉器不仅类型丰富，而且技术精湛，极大地丰富了石家河遗址玉器研究的内涵。

连体双人玉玦

新石器时代 后石家河文化

直径 2.4~2.5 厘米，厚 0.6 厘米

湖北天门谭家岭遗址 9 号瓮棺出土

天门市博物馆藏

　　左边头像为男性，右边头像为女性，头戴
管帽，菱形眼，长发，为石家河文化所特有。

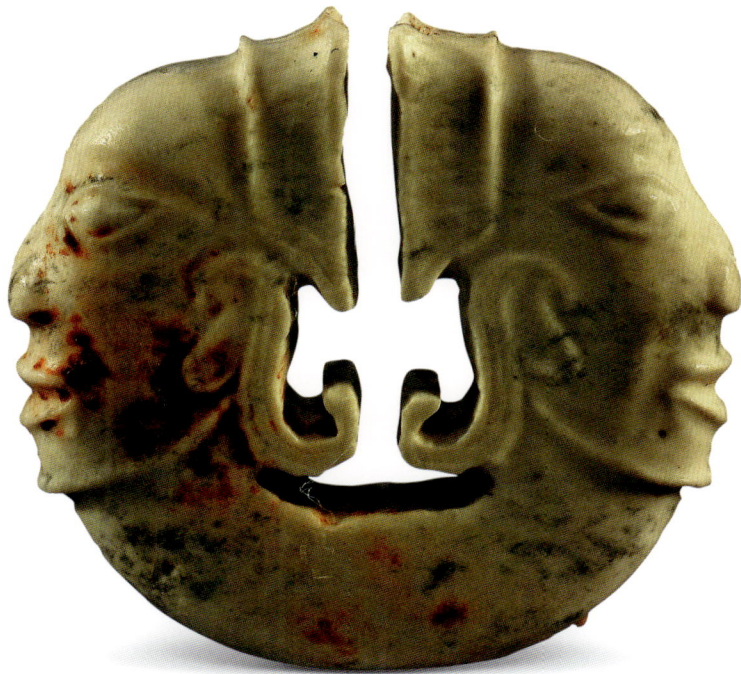

玉蝉

新石器时代 后石家河文化

长 2.33 厘米，宽 1.62 厘米，厚 0.51 厘米

湖北天门谭家岭遗址 4 号瓮棺出土

天门市博物馆藏

　　玉蝉是石家河文化玉器中发现数量最多的器物。

玉冠饰

———

新石器时代 后石家河文化

长 7.88 厘米，宽 1.84 厘米，厚 0.4~0.8 厘米

湖北天门谭家岭遗址 9 号瓮棺出土

天门市博物馆藏

玉为青色，冠饰底部是虎头像。

玉虎

———

新石器时代 后石家河文化

通长 9.2 厘米，宽 3.5 厘米，厚 0.55 厘米

湖北天门谭家岭遗址 3 号瓮棺出土

天门市博物馆藏

此玉虎卷尾竖耳，眼睛菱形，四肢矫健，
张口咆哮状。

玉虎头

新石器时代 后石家河文化

通高 1.59 厘米，宽 3.33 厘米，厚 0.68 厘米

湖北天门谭家岭遗址 4 号瓮棺出土

天门市博物馆藏

虎是石家河文化玉器主要造型之一。

梯形玉佩

新石器时代 后石家河文化

宽 10.5 厘米，高 4.2 厘米，厚 0.3~0.55 厘米

湖北天门谭家岭遗址 9 号瓮棺出土

天门市博物馆藏

采用透雕、圆雕、减地阳刻等技艺，为一种装饰用玉佩。

成渝地区

名称	重庆巫山大水田遗址
介绍	大水田遗址以大溪文化遗存最为丰富、最具特色，其中数量众多、层位关系明确、出土随葬品较为丰富的墓葬，是研究大溪文化葬式发展演变、丧葬习俗、社会生活等方面的重要材料，同时也为探讨遗址聚落形态、人口结构等信息提供了重要参考。

石环形饰

新石器时代　大溪文化
高 1.4 厘米，上缘径 2.4 厘米，下缘径 2 厘米
重庆巫山大水田遗址出土
重庆市文物考古研究院藏

　　大水田遗址出土较多造型别致、制作精美的墨石质装饰品，其造型有人形、人面形、猪形、穿山甲形、车轮形、纽扣形、环形等，体现出高超的工艺水平和艺术表现力。

石人形饰

新石器时代　大溪文化
长 4.8 厘米，宽 4.3 厘米，厚 0.6 厘米
重庆巫山大水田遗址出土
重庆市文物考古研究院藏

　　人面五官清晰，比例恰当，雕刻精细。顶部偏右有三角形穿孔，两侧为圆形穿孔。这类饰品反映了大溪文化先民对自身的认识及对这种认识的表达。

江浙地区

名称	浙江余姚施岙遗址
介绍	施岙遗址发现了目前世界上面积最大、年代最早、证据最充分的大规模稻田，是史前考古与农业考古领域的重大发现。良渚文化的稻田已经出现了比较完善的路网和灌溉系统，这种大规模稻田起源年代可能早至距今6500年以上，并一直延续发展。此次发现表明，稻作农业是河姆渡文化到良渚文化社会发展的重要经济支撑，进一步深化了对长江下游地区史前社会经济发展和文明进程的认识。

江浙地区

石刀（4件）

新石器时代　良渚文化

1. 长 17.2 厘米，宽 6.6 厘米，厚 0.8 厘米
2. 长 9.5 厘米，宽 5.4 厘米，厚 0.4 厘米
3. 长 8.6 厘米，宽 5.3 厘米，厚 0.5 厘米
4. 长 9.9 厘米，宽 2.75 厘米，厚 0.6 厘米

浙江余姚施岙遗址出土

浙江省文物考古研究所藏

　　该遗址出土石器有刀、斧、锛、凿、锤、磨石等，其中石刀应是收割水稻的工具，数量较多。

1

2

3

4

名称	浙江杭州官井头遗址
介绍	官井头遗址良渚文化遗存根植于崧泽文化晚期墓地，在持续发展中兼收并蓄，成功培育出贵族集团，代表了良渚遗址群崛起的先声，是研究良渚古城兴起、良渚玉礼器发展不可或缺的重要材料。

龙首形玉饰

新石器时代　良渚文化

直径 1.7 厘米、孔径 0.6~0.7 厘米、厚 0.55 厘米

浙江杭州官井头遗址出土

浙江省文物考古研究所藏

　　这件玉饰环形，中部有不等距双面钻孔，外缘一侧雕琢一龙首形象，其用途可能为挂坠。官井头遗址出土的 700 余件玉器当中，仅发现 2 件龙首形玉饰，分别出土于两座墓葬当中。有学者推测在装饰之外，可能具有特别的权力与祭祀意义。

名称	浙江德清中初鸣良渚文化遗址
介绍	该遗址年代为良渚文化晚期，距今4800年至4500年，是迄今为止长江下游地区发现的良渚文化时期规模最大的制玉作坊遗址群。出土的大量制玉相关遗存资料，丰富了良渚古城外围考古的内容，反映了远距离、大规模专业生产的模式，为讨论良渚文化晚期的社会结构、聚落模式和手工业经济提供了丰富的资料，更是良渚文明和良渚古国高度发达的重要体现。

中初鸣遗址可能是由多个制玉遗存组成的制玉作坊群。遗址出土大量的玉器、玉器半成品、带加工痕迹的玉料、燧石、磨石和少量陶片，对研究良渚文化时期玉器的生产模式和玉料的来源、运输、分配、消费等问题具有重要意义。

玉饰

新石器时代 良渚文化
长 3.1 厘米，宽 1.5 厘米，厚 0.5 厘米
浙江德清中初鸣良渚文化遗址出土
浙江省文物考古研究所藏

玉管（2件）

新石器时代 良渚文化
长 1.5 厘米，直径 0.75 厘米
长 1.7 厘米，直径 1.2 厘米
浙江德清中初鸣良渚文化遗址出土
浙江省文物考古研究所藏

玉饰片

新石器时代 良渚文化
直径 1.5~1.56 厘米，厚 0.3~0.45 厘米
浙江德清中初鸣良渚文化遗址出土
浙江省文物考古研究所藏

玉锥形器（5件）

新石器时代 良渚文化
浙江德清中初鸣良渚文化遗址出土
浙江省文物考古研究所藏

1. 长 5.18 厘米，直径 1.1~1.5 厘米
2. 残长 2.5 厘米，直径 0.6 厘米
3. 长 3.47 厘米，宽 0.85 厘米，高 0.65 厘米
4. 残长 4.6 厘米，直径 0.8 厘米
5. 残长 6.1 厘米，直径 0.7 厘米

1

2

3

4

5

玉璧
———

新石器时代 良渚文化

直径 13.5~13.7 厘米，中间厚 1.1 厘米，边缘厚 0.8 厘米，
孔外径 3.9~4.1 厘米，孔内径 3.8 厘米

浙江杭州余杭反山良渚遗址 14 号墓出土

良渚博物院藏

玉璧是良渚文化礼器中的代表性玉器。良渚文化出土的玉璧
可分为两类：一类玉质细密，色彩纯净，制作工整，工艺考究，
随葬时置于墓主人胸部，应该属于礼玉之列；另一类玉质稍逊，
多数纹彩斑斓，制作粗糙，玉璧表面留有明显的切割痕迹，随葬
时置于墓主人脚下方，有学者认为此类玉璧是财富的象征。

玉琮

新石器时代 良渚文化

高 5.7 厘米，上射径 8.7~9.1 厘米，下射径 8.6~9 厘米，

孔外径 6.4 厘米，孔内径 5.9 厘米

浙江杭州余杭反山良渚遗址 14 号墓出土

良渚博物院藏

玉琮是新石器时代良渚文化最重要的一种礼器。规整的造型、细腻的雕琢与威严的神像，使得玉琮具有一种庄重、神秘、肃穆之气。一般认为，琮是一种沟通天地的法器，上大和内圆象征天，下小和外方象征地，外表的神人兽面纹代表当时巫术活动情况。

名称	江苏兴化、东台蒋庄遗址
介绍	蒋庄良渚文化墓地是在长江以北首次发现随葬琮、璧等玉质礼器的高等级良渚文化墓地，突破了以往学术界认为良渚文化分布范围北不过长江的传统观点，为深入研究良渚文明与良渚社会提供了新资料。

玉琮

新石器时代　良渚文化
高 23.5 厘米、上射径 6.8 厘米、下射径 6.4 厘米、孔径 4.6 厘米
江苏兴化、东台蒋庄遗址 45 号墓出土
南京博物院藏

　　阳起石，浅墨绿色，局部斑驳泛白。器体上宽下窄，共分 8 节，射部呈圆角方形，中部纵向双面管钻圆孔。通体打磨抛光，分节阴刻简化人面纹，线条细浅，可辨圆形双眼及条形吻部。

玉器组合

新石器时代　良渚文化

大玉璧直径 20.7 厘米，孔径 4.6 厘米，厚 0.8~1.3 厘米

玉镯高 3.4 厘米，外径 7 厘米；高 2.9 厘米，外径 6.1 厘米

小玉璧直径 4.5 厘米

玉锥形器高 11.5 厘米

玉珠高 1.84 厘米，直径 1.63 厘米

江苏兴化、东台蒋庄遗址 100 号墓出土

南京博物院藏

　　墓主为年龄 41~50 岁的女性，随葬玉器 6 件，其中玉璧
1 件位于腹部，玉镯 2 件分列玉璧两侧，小玉璧 1 件位于头骨
左侧，玉锥形器 1 件置于颈部，玉珠 1 件压于头骨下。

海岱地区

名称	山东章丘焦家遗址
介绍	焦家遗址地处黄河下游，居于文明起源核心地域。夯土城墙、壕沟、一大批高等级墓葬、大量玉器、白陶等的发现，昭示着该遗址是鲁北古济水流域大汶口文化中晚期的一处中心都邑性聚落。对它的深入发掘和研究将有助于揭示中华文明多元一体、兼容并蓄、绵延不断的形成与发展特征。

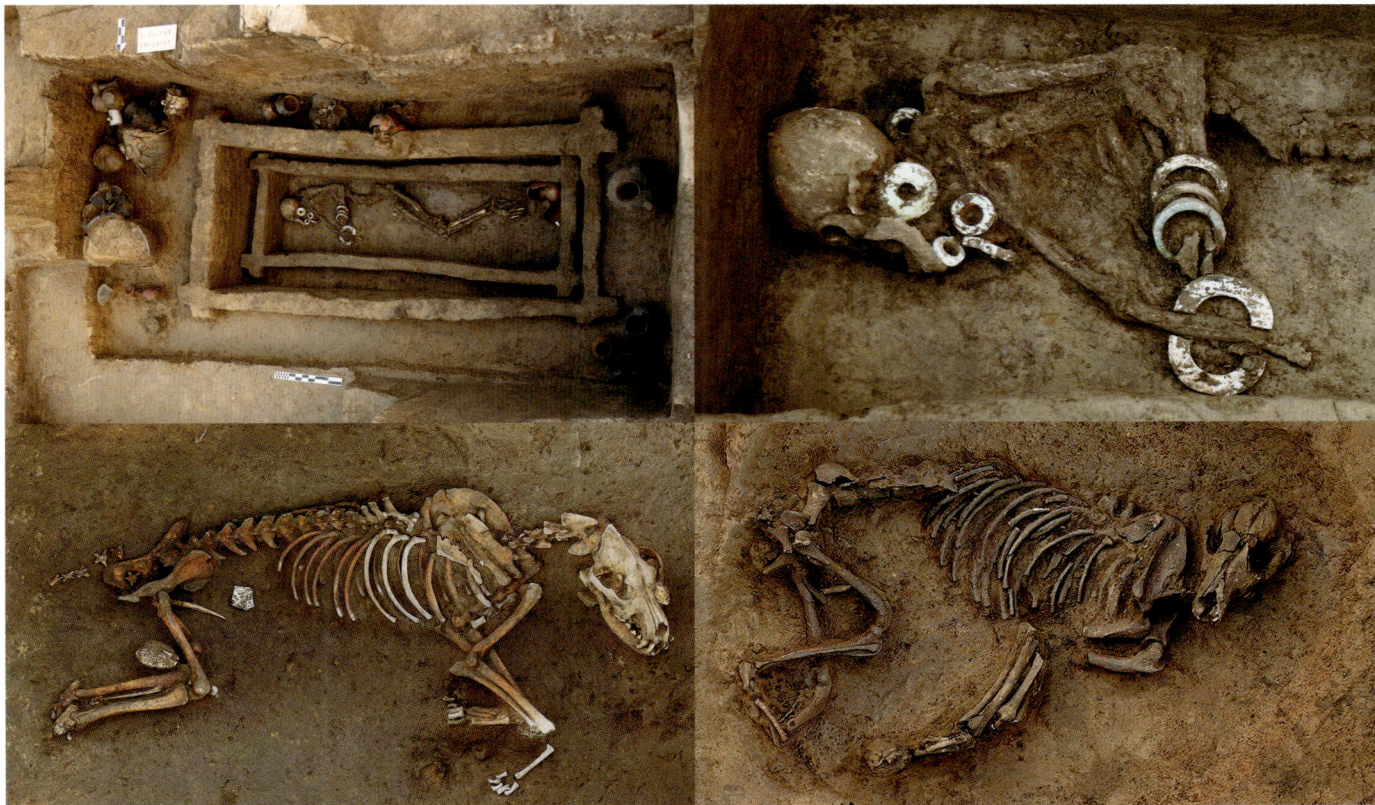

红陶鬶

新石器时代 大汶口文化
高 20.5 厘米
山东章丘焦家遗址 57 号墓出土
山东大学藏

鬶是一种有把手、带三足和开放式流口的器具，产生于新石器时代，是大汶口文化和龙山文化的代表器型之一。陶鬶是远古时期人们用来烧水或温酒的容器，有红陶、黑陶、灰陶和白陶等不同质地，根据腿足的差别还可以分为实足鬶和空袋足鬶等形式。

白陶鬶

———

新石器时代 大汶口文化

高 26.2 厘米

山东章丘焦家遗址 147 号墓出土

山东大学藏

白陶鬶是这类器型中的稀有品种。鸟喙形流口，斜向伸展于器身前部 。圆环形提梁，上联颈部，下接器身，表面按压成绞索状。腹部有一周横向附加堆纹。三个肥大的空袋足，均匀分布于腹部下方。

白陶单耳杯

新石器时代　大汶口文化
高 11 厘米，口径 11 厘米，底径 9.6 厘米
山东章丘焦家遗址 91 号墓出土
山东大学藏

　　筒形单耳杯，敞口直壁，平底，腹侧有一环形耳。器表素面磨光，手制加慢轮修整。

彩陶壶

新石器时代　大汶口文化
高 14.4 厘米，腹径 13 厘米，底径 7.1 厘米
山东章丘焦家遗址 91 号墓出土
山东大学藏

　　泥质红陶，直口，短颈，圆垂腹，下腹部明显内收，小平底。器表通体磨光，外壁及口沿内侧饰红陶衣。口唇部饰黑彩条，颈部饰多道黑彩平行线纹。器表腹部遍施由平行条纹和内填斜线的三角纹组合而成的纹饰带。

高柄陶器

———————

新石器时代　大汶口文化
高 19.4 厘米、口径 7.8 厘米、底径 6.7 厘米
山东章丘焦家遗址 90 号墓出土
山东大学藏

　　泥质黑陶，轮制而成，打磨光滑。侈口、束腰弧腹，下腹
部饰凹弦纹。柄部呈竹节状、中空，外壁饰多道弦纹组合圆形
和三角形镂空。杯座为圆盘状。

玉器组合（18 件）

新石器时代　大汶口文化
山东章丘焦家遗址 91 号墓出土
山东大学藏

该墓随葬品中玉器种类丰富，有玉镯、绿松石镯、玉环、玉指环、绿松石坠饰、高体玉环等，均为装饰品，未见玉钺等权力标志的大型礼器。墓主应为一名女性，可见当时除了大小墓葬之间存在着随葬品的多寡、有无以外，对于男女不同性别死者，在礼仪制度上也按照不同的标准和原则进行区别。

燕辽地区

名称	辽宁朝阳半拉山墓地
介绍	半拉山墓地是一处性质较单一的红山文化时期积石冢墓地，也是红山文化近年来最重要的发现。在12号墓的墓主人胸部出土1件石钺，其下有玉璧，旁边置玉龙。在大腿内侧出土1件玉兽首柄端饰，应为石钺的器柄。这几件器物同出一墓，表明红山文化时期辽西已出现集军权和神权于一身的王者。

燕辽地区

石雕人头像

———————

新石器时代 红山文化晚期

长 14 厘米，宽 9.9 厘米，高 14.2 厘米

辽宁朝阳半拉山墓地出土

辽宁考古博物馆藏

由一整块黄褐色砂岩雕刻而成，面部清晰，发髻位于头顶中后部，形象生动。

石雕人头像

新石器时代 红山文化晚期
长 24 厘米，宽 9 厘米，高 33 厘米
辽宁朝阳半拉山墓地出土
辽宁考古博物馆藏

　　此像为黄褐色砂岩质地，采用圆雕手法，面部形象清晰。头顶有冠带饰，垂向脑后。

玉玦形龙

新石器时代 红山文化晚期
高 13.5 厘米，宽 10.1 厘米，厚 3.3 厘米
辽宁朝阳半拉山墓地出土
辽宁考古博物馆藏

　　龙形玉器，是红山文化中最有代表性的玉雕作品。玉为淡绿色，夹杂细小白色杂质。龙体蜷曲，头尾分离，似玦形。

玉璧

———

新石器时代　红山文化晚期

长 14.5 厘米，宽 13.3 厘米

辽宁朝阳半拉山墓地出土

辽宁考古博物馆藏

　　为绿色，微泛黄，局部有白色瑕斑。器体扁平，
似圆角方形，外边缘薄似刀刃。

玉斜口筒形器

新石器时代 红山文化晚期
高 17.5 厘米，斜口长径 9 厘米，平口长径 7.4 厘米
辽宁朝阳半拉山墓地出土
辽宁考古博物馆藏

　　玉为深绿色，器表大部分有白色沁斑。器体呈扁圆筒状，截面近椭圆形。一端为外敞的斜口，另一端为平口，近平口端的两侧各有一个单面钻细孔。

名称	黑龙江齐齐哈尔洪河遗址
介绍	洪河遗址出土的骨器数量众多、器类多样、形制丰富，其中生产、生活类工具始终占据主导地位，装饰品占比较少，说明骨器是遗址居民生产、生活中不可或缺的重要工具。

骨镖（2件）

————————

新石器时代　昂昂溪文化

长 13.8~21.4 厘米

黑龙江齐齐哈尔洪河遗址出土

黑龙江省文物考古研究所藏

　　遗址出土的鱼镖数量最多，达50件，多由鹿角和大哺乳动物的长骨制成，形制多样。

骨锥

新石器时代 昂昂溪文化

长 13.8 厘米，宽 2.0 厘米，厚 0.9 厘米

黑龙江齐齐哈尔洪河遗址出土

黑龙江省文物考古研究所藏

锥尖较短，用兽骨劈削、磨制而成。

骨刀梗

———

新石器时代 昂昂溪文化

长 16.7 厘米，宽 2.8 厘米，厚 1.2 厘米

黑龙江齐齐哈尔洪河遗址出土

黑龙江省文物考古研究所藏

扁锥状锋，两侧有刻槽，用来镶嵌石刃。

骨饰

———

新石器时代 昂昂溪文化

残长 5.5 厘米，宽 1.3 厘米，厚 0.3 厘米

黑龙江齐齐哈尔洪河遗址出土

黑龙江省文物考古研究所藏

由哺乳动物骨骼制成，其上有 4 个钻孔，器形精美。

石镞

新石器时代 昂昂溪文化

长 2.6 厘米，宽 1.4 厘米，厚 0.4 厘米

黑龙江齐齐哈尔洪河遗址出土

黑龙江省文物考古研究所藏

以玛瑙为原料制成，平面呈三角形，尖锋锐利。

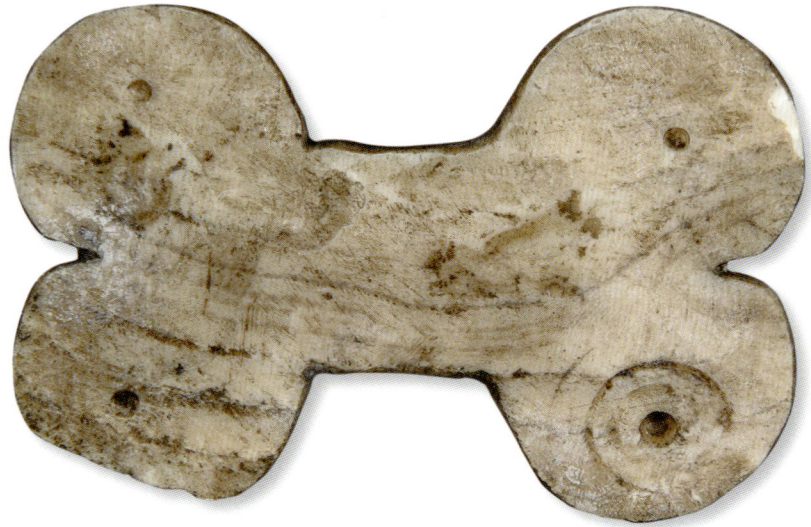

蚌饰

新石器时代 昂昂溪文化

长 8.5 厘米，宽 5.8 厘米，厚 0.6 厘米

黑龙江齐齐哈尔洪河遗址出土

黑龙江省文物考古研究所藏

遗址出土 6 件穿孔蚌器，用剑状矛蚌制成。该饰横截面呈弧形，上有对钻圆孔。

甘青地区

名称	青海民和喇家遗址
介绍	喇家遗址是史前时期以齐家文化为主的大型聚落遗址，也是中国首次发掘的大型史前灾难遗址。2016年度发掘面积600平方米，发现遗迹37处，出土陶器、石器、玉器、骨器等诸类标本达数百件，大大丰富了对喇家遗址文化内涵的认识。

陶尊
————

新石器时代　齐家文化

高 15.9 厘米，口径 21.4 厘米，底径 8.2 厘米

青海民和喇家遗址出土

青海省文物考古研究院藏

　　喇家遗址出土陶器种类丰富，有罐、尊、盂、盆、豆、碗等。该器为泥质黄橙陶，敞口、宽折沿、高领斜直、平底。领部贴附对称桥型双大耳。

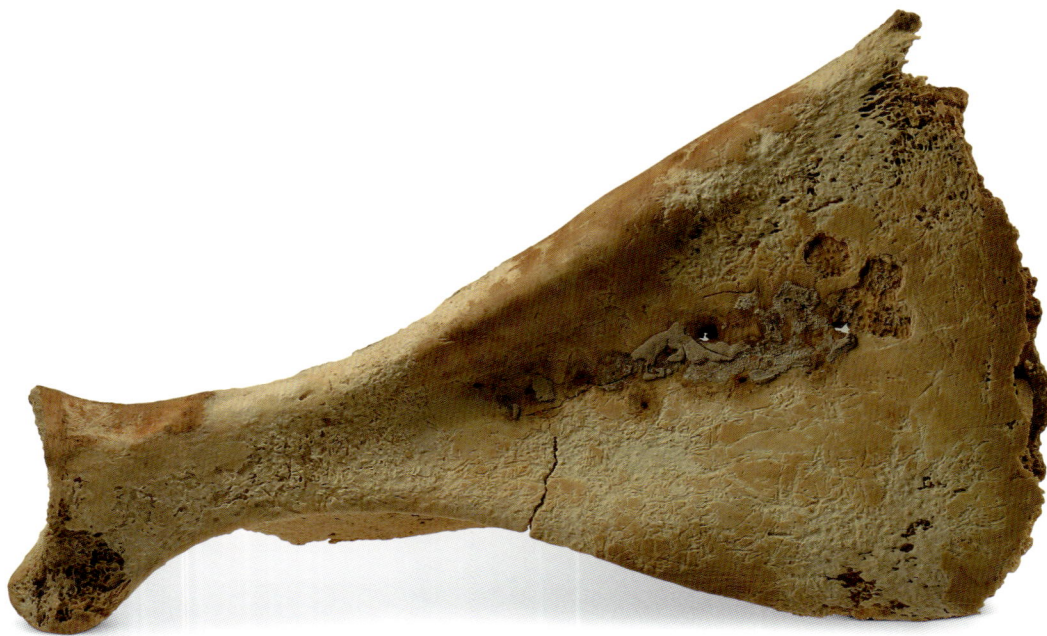

卜骨

———

新石器时代　齐家文化
长 14.8 厘米，宽 8.5 厘米
青海民和喇家遗址出土
青海省文物考古研究院藏

此卜骨为羊肩胛骨，正反两面均有灼痕，骨脊面灼痕明显可见 10 余处。喇家遗址出土了 5 件灼痕排列有序的卜骨，对了解齐家文化先民的宗教活动及精神生活具有重要的意义。

玉环

———

新石器时代　齐家文化
外径 7.7 厘米，内径 3.7 厘米，厚 0.3 厘米
青海民和喇家遗址出土
青海省文物考古研究院藏

此玉环青绿色，局部沁有黄褐色斑点。

贰·多元汇聚

距今4300年至4100年，气候发生较大变化，各地区文明进程受到不同程度的影响。这一时期，各地优秀文化因素向中原汇聚，为下一阶段的王朝文明奠定了基础。

名称	陕西延安芦山峁遗址
介绍	芦山峁遗址是一处大型新石器晚期聚落遗址，是继神木石峁遗址之后的又一重大考古发现，对认识龙山时代晋陕高原人群流动、社会变迁、中原与北方区域互动，乃至探索中国史前社会复杂化、文明起源和早期国家的形成等具有重要价值。

玉刀
——

约公元前 2500—前 2000 年

长 37.5 厘米，宽 14.4~17.7 厘米，厚 0.55 厘米

陕西延安芦山峁新石器时代遗址出土

延安市文物研究院藏

在芦山峁遗址的房址、院墙、广场的夯土中，多次发现玉器奠基的现象，器类包括玉刀、玉璧、玉琮、玉环等。此刀青灰色，不透明。一侧刃部略残，器表磨制光滑，有沁痕。平面形状大致呈圆角梯形，三面有刃，双面磨制，顶部磨制平齐，器身有四个小圆孔，两个对钻，两个单面钻，分别两两一组平行分布。

玉钺

——

约公元前 2500—前 2000 年

长 16.8 厘米，宽 7.6~9.3 厘米，厚 0.6 厘米

陕西延安芦山峁新石器时代遗址出土

延安市文物研究院藏

　　玉钺呈东北—西南向斜插于主建筑 F5 墙体中。这种在居室和城防建造过程中置入玉器的行为，可能为居住者提供精神上的通神、防御和保护等作用。

玉牙璧

约公元前 2500—前 2000 年

外径 10.5~11 厘米，内径 5.8~6.4 厘米，厚 0.6 厘米

陕西延安芦山峁新石器时代遗址出土

延安市文物研究院藏

浅绿色，半透明。器表磨制光滑。外缘有叶芽状凸起，内缘呈圆形，边缘有红褐色沁痕。

陶鬲

约公元前 2500—前 2000 年
高 26 厘米，口径 22 厘米
陕西延安芦山峁新石器时代遗址出土
延安市文物研究院藏

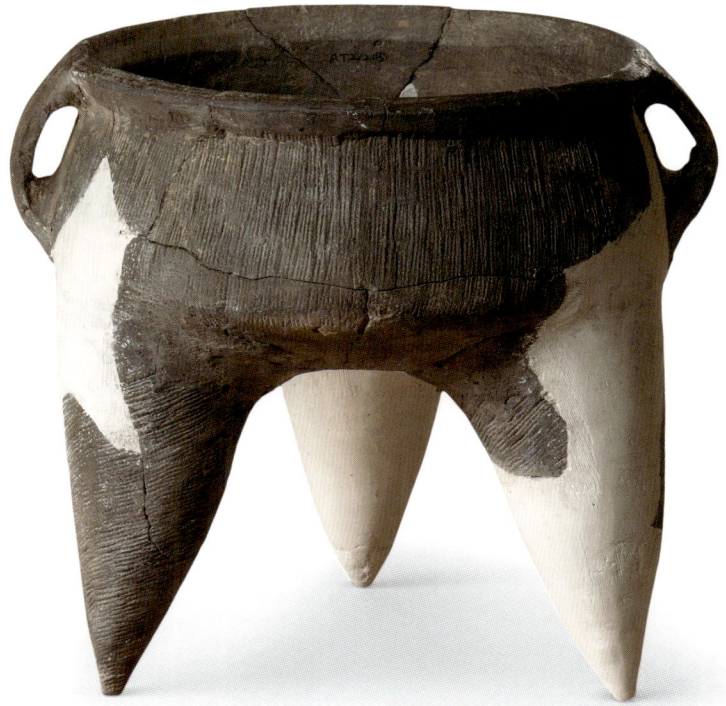

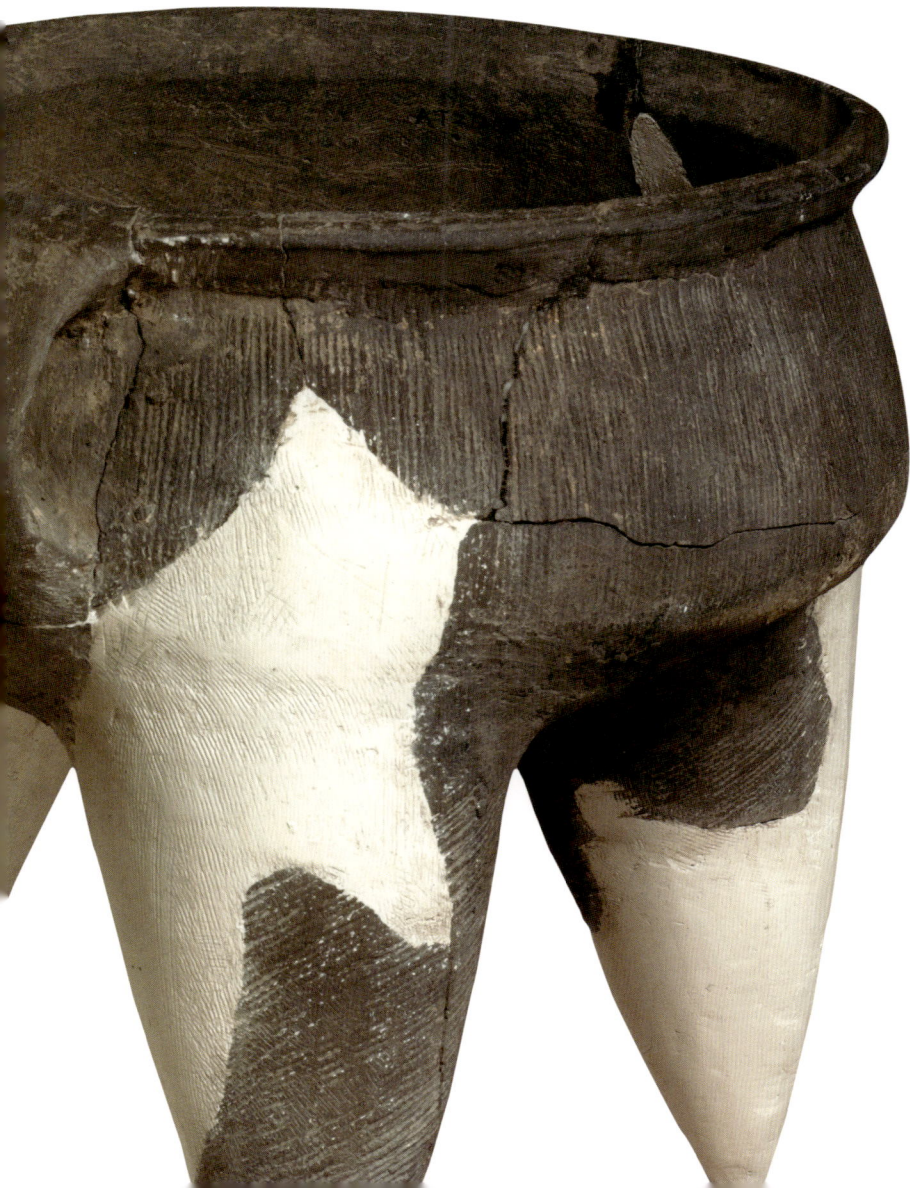

筒瓦、槽形板瓦

约公元前 2500—前 2000 年
筒瓦长 38.5 厘米，瓦头外径 19.2 厘米
板瓦长 47 厘米，宽 27.6 厘米，厚 1.4 厘米
陕西延安芦山峁新石器时代遗址出土
延安市文物研究院藏

筒瓦和槽型板瓦的发现，将中国使用瓦的时间提前至庙底沟二期文化晚期。核心区的多座人工台城及其之上构建的规整院落，对于研究中国聚落、都邑形态演变和早期礼制的发展具有重要作用。

名称	陕西神木石峁遗址
介绍	石峁遗址是21世纪中国最为重要的考古新发现之一，位于陕西省神木市石峁村，初建于公元前2300年前后，废弃于公元前1800年前后，面积达400万平方米以上，是中国已知规模最大的龙山时代晚期城址，也是公元前2000年前后中国北方区域政体的中心。石峁遗址的发现丰富了人们关于中国文明起源与形成过程多元性的认知。

玉牙璋

新石器时代
长 25 厘米，宽 6.7 厘米，厚 0.7 厘米
陕西神木石峁遗址征集
陕西历史博物馆藏

　　石峁遗址发现的超大型石城、精美玉器以及体现复杂宗教现象的遗迹，表明在距今4000年左右，陕北河套地区已经步入早期国家的发展阶段。

玉刀

新石器时代
长 21.5 厘米，宽 6.5 厘米，厚 0.2 厘米
陕西神木石峁遗址征集
陕西历史博物馆藏

　　近年的考古发掘证实，石峁遗址存在"藏玉于墙"的现象。先民们将片状玉器放入或插入墙体中，随后进行抹平掩盖，以体现他们对于这种"圣城"的精神表达。

玉圭

新石器时代
长 21.5 厘米，宽 6.5 厘米，厚 0.2 厘米
陕西神木石峁遗址征集
陕西历史博物馆藏

　　圭具有礼器性质，在新石器时代晚期出现，后来演变发展出不同造型，有尖首、圆首之分。

和
协
万
邦

夏商周时期正是中华文明形成和发展的重要阶段，奠定了中华文明绵延不断发展的基础。新石器时代晚期，在部落联盟基础上，建立了中国历史上第一个王朝夏。又经商、西周王朝的继承、发展，构建了中国古代早期国家的基本形态。春秋战国是社会大变革的时期，是中华区域文明形成和传统文化奠基的时期。夏商周考古，对于探索中国古代文明的起源与形成、国家的产生与发展等具有重要的价值和意义。

The Xia, Shang, and Zhou dynasties were pivotal stages in the formation and development of Chinese civilization, laying the foundation for its continuous growth. During the late Neolithic Age, Xia—the first dynasty in Chinese history (c. 21st–16th century BCE)—was established based on tribal confederacies. Subsequently, the Shang (c. 16th–11th century BCE) and Western Zhou (c. 11th century–771 BCE) dynasties created the fundamental structure of early state by inheriting and further developing Xia legacy. The Spring and Autumn (770–403 BCE) and the Warring States (403–221 BCE) periods (also known as the Eastern Zhou dyansty) marked a time of significant social change, contributing to the formation of regional civilizations and the burgeoning of traditional Chinese culture. Archaeological researches on the Xia, Shang, and Zhou have great significance for exploring the origin and formation of ancient Chinese civilization and the emergence and development of state.

礼乐吉金

Bronzes for Rituals and Music

商周时期，古代先贤通过制礼作乐，形成了一套完整有序的社会政治文化制度，为了充分体现这套制度，铸造了世界上最精美的青铜礼乐器。这种礼乐文明在数千年的中华文明史上，产生了重大而深远的影响。

During the Shang and Zhou dynasties (c. 16th century–221 BCE), through the creation of a ritual and music system, the ancient Chinese sages established a comprehensive and orderly social, political, and cultural system. They crafted the world's most exquisite bronze ritual vessels and musical instruments to embody this system. The ritual-and-music civilization has had a significant and far-reaching impact throughout the 5,000-year history of Chinese civilization.

名称	河南郑州东赵遗址
介绍	东赵遗址发现大、中、小三座城址，包括龙山文化新砦期、二里头文化期、商代早期及两周多个时代遗存，为研究早期文明尤其是夏文明提供了丰富的考古学材料。

陶盉
———

二里头文化
河南郑州东赵遗址出土
郑州市文物考古研究院藏

盉是一种酒器，关于其具体功能，学界有调酒、温酒、斟酒等不同观点。陶盉始见于新石器时代，它的显著特征是流口呈管状，腹内可以盛装酒水。二里头文化时期，陶盉经常与陶爵搭配使用，是陶质酒礼器的核心类型。作为礼仪性酒器的青铜盉出现于二里头时期，并延续使用至商周时期。西周早中期的青铜盉经常与青铜盘配套使用，呈现出向水器转化的倾向。

陶鬶

———

二里头文化

河南郑州东赵遗址出土

郑州市文物考古研究院藏

陶鬶是一种新石器时代较为流行的酒器，其形制方面的基本特征是袋状足，有鋬，腹较深，口沿有流。陶鬶起源于山东地区的大汶口文化时期，龙山文化时期较为盛行，其动物形象的鬶最富特色。东赵遗址二里头文化中的陶鬶，应源于龙山文化的影响。此器整体瘦高，流口较宽矮，上端几乎与口沿平齐，敞口长颈，鋬较宽，带有明显的本地特色。

玉钺

———

二里头文化

河南郑州东赵遗址出土

郑州市文物考古研究院藏

钺是一种兵器，其造型直接来源于新石器时代的石斧类工具（或兵器），原本具有较强的实用功能。新石器时代中晚期以来，玉钺、青铜钺等制作精美的钺往往因材质、重量、稀有性等多方面的原因，逐渐摆脱实用性，成为礼仪性兵器，甚至成为兵权或王权的象征。甲骨文、金文中最早的"王"字、形体及内涵即与钺类礼仪性兵器密切相关。

玉柄形器

———

二里头文化

河南郑州东赵遗址出土

郑州市文物考古研究院藏

玉柄形器是一种流行于夏商周时期的玉器类型，多见于这一时期大型都邑遗址的中高级贵族墓葬之中，用作随葬品。关于这种玉器的功能，学界有玉簪、佩饰、命圭、大圭、祭祀礼器、牙璋、剑柄、祭祖器、仪仗器、身份礼器等诸多说法，因缺少直接的文献证据，暂无定论。

名称	山西绛县西吴壁遗址
介绍	西吴壁是晋南地区夏商时期已知规模最大的遗址，具有中心聚落的性质。发掘出土的种类丰富的遗迹和遗物共同构成了冶铜产业链的各个环节，为进一步复原早期冶铜手工业的技术、生产方式、生产场景提供了丰富的资料。2022年商代墓地的发现，丰富了遗址内涵，为了解遗址的聚落形态变迁，探讨晋南地区商代人群构成、礼制源流以及商代国家形态与统治模式等学术问题提供了直接证据，具有重要的学术意义。

铜矿石

商前期
山西绛县西吴壁遗址出土
中国国家博物馆垣曲工作站藏

　　实验室科技检测显示，西吴壁遗址的冶金产品为红铜。遗址所用铜料为中条山未经焙烧的富硫氧化矿石。

铜炼渣

二里头文化
山西绛县西吴壁遗址出土
中国国家博物馆垣曲工作站藏

　　铜炼渣是冶铜活动形成的炉渣。

大型灰坑H111最初应为椭圆形、直壁，西壁坡道可能通向当时的地面，该坑或曾用作房址或储藏坑，后向南扩建。整体废弃后，这里成为堆放冶铜废弃物的垃圾坑。坑内堆积分为九层，均为西南高而东北低的斜坡状堆积，因此东北部低处堆积包含物的个体较大，如个体较大的铜矿石、炼渣等多集中于此。

西吴壁遗址与冶铜有关的夏商遗迹种类有房址、木炭窑、祭祀坑、水井、窖穴、灰坑等；冶铜遗物有铜矿石、残炉壁、炉渣、鼓风嘴等。此外，还发现少量用于制作小型工具的陶、石范。

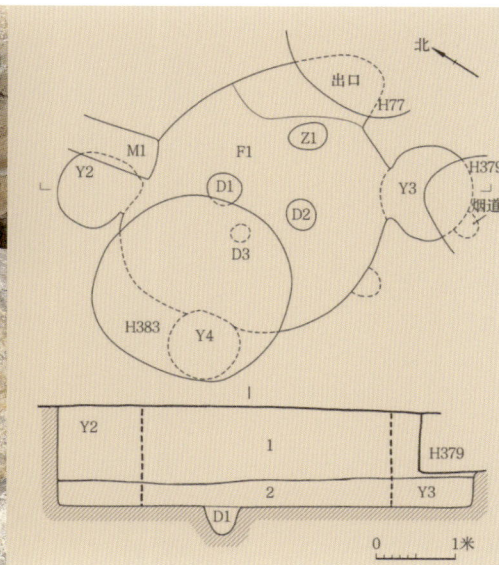

西吴壁遗址二里头文化时期的木炭窑

残炉壁

二里头文化
山西绛县西吴壁遗址出土
中国国家博物馆垣曲工作站藏

以耐火材料构筑的冶铜炉，有些存在多次使用痕迹。夏及早商时期冶铜工艺水平不高，冶铜活动结束后，需毁炉取铜，故所见者皆为残炉壁。

残坩埚壁

二里头文化
残长 10.2 厘米，宽 7.3 厘米，厚 2.7 厘米
山西绛县西吴壁遗址出土
中国国家博物馆垣曲工作站藏

以陶片（或陶器）为基础，内外涂抹耐火草拌泥形成冶铜坩埚。此件残坩埚内壁可见冶铜活动残留的炼渣，为国内已知年代最早利用陶器炼铜的证据。

鼓风嘴

二里头文化
残长 4.2 厘米，最大残径 3.2 厘米，孔径 1 厘米
山西绛县西吴壁遗址出土
中国国家博物馆垣曲工作站藏

该器锥状中空，是连接冶铜炉内、外的重要媒介，用于为冶铜炉鼓风，以提高炉温。

冶铜炉下的人骨

夏商时期的冶铜炉是以泥条盘筑而成，个体较小。采用内加热的方式冶铜，将粉碎后的铜矿和燃料置于炉内，加热炼成纯铜。炉壁设有鼓风设施，以使燃料燃烧充分、炉温升高。在一座商代冶铜炉的正下方发现了一具人骨。这具人骨显然与冶铜炉有关，应是构筑冶铜炉过程中的杀人祭祀行为。

西吴壁遗址商代初期的兽骨坑

石范

二里头文化
残长 8.8 厘米，最大直径 9 厘米
山西绛县西吴壁遗址出土
中国国家博物馆垣曲工作站藏

　　该件石范是用于铸造小型工具的石范。西吴壁遗址只见铸造工具的范，铸造礼器须在王朝中心都邑完成，显示夏及早商时期，不同聚落在中央王朝的控制下，存在明确分工。

陶范芯

商前期
残高 7 厘米
山西绛县西吴壁遗址出土
中国国家博物馆垣曲工作站藏

　　残存部分略呈锥形，似为铸造铜镢的范芯。

石锤
———
商前期
残长 10.5 厘米，直径 4~5 厘米
山西绛县西吴壁遗址出土
中国国家博物馆垣曲工作站藏

　　器身已残，握持部分呈圆柱形，锤部直径增大，顶端略呈
菌菇形。用于粉碎矿石。

石砧
———
商前期
边长 11~11.8 厘米，厚 5.3 厘米
山西绛县西吴壁遗址出土
中国国家博物馆垣曲工作站藏

　　与石锤配合使用，用于粉碎矿石、毁炉
取铜。

卜骨（6件）

商前期
山西绛县西吴壁遗址出土
中国国家博物馆垣曲工作站藏

　　西吴壁遗址发现的卜骨多为牛或猪的肩胛骨制成，有钻凿及灼烧痕迹，未见刻画文字。卜骨多与冶铜废弃物共存，说明冶铜活动往往伴随占卜祭祀行为。

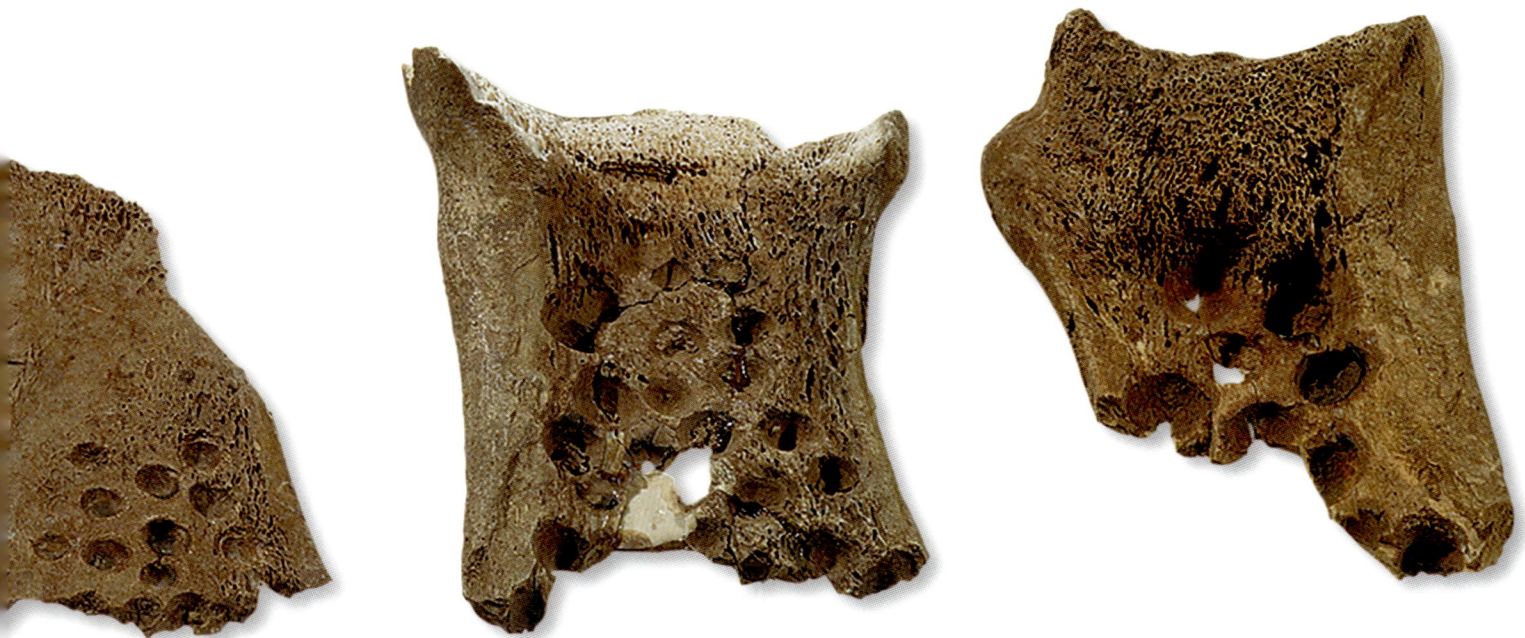

山西绛县西吴壁遗址商代墓地

2022年发掘的商代初期墓地，为研究商代墓葬制度的源流等学术问题提供了珍贵的资料。大、中型墓葬出土的青铜器种类丰富，与之共存的陶器时代特征明确，为商初青铜器断代确立了可靠的年代标尺。所见大、中型墓葬已经形成了鼎（鬲）、斝、爵的礼器组合，与夏代晚期贵族墓中的礼器组合略有不同，从考古角度阐释了"殷因于夏礼，所损益，可知也"。

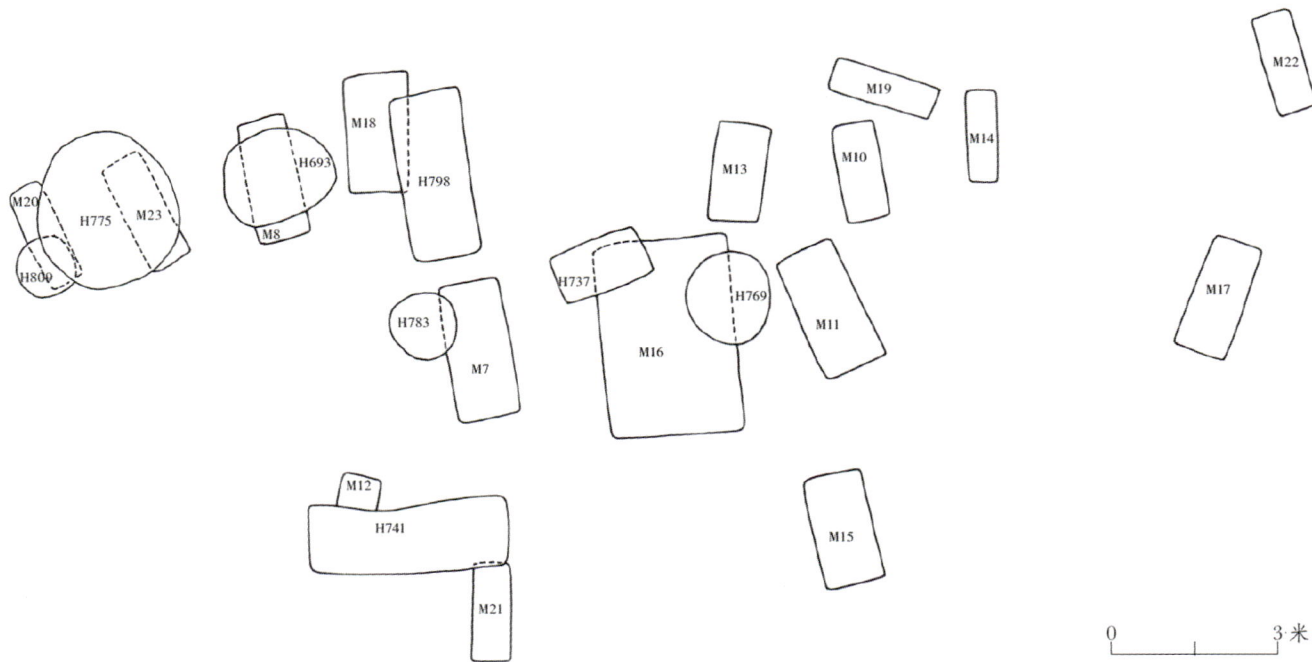

0   3 米

山西绛县西吴壁遗址 16 号墓

西吴壁遗址 16 号墓是迄今所知商代初期规模最大、内涵最为丰富的高等级墓葬。由此可以推知西吴壁是商王朝设在晋南地区的重要据点，除向外输送铜料外，还肩负区域管理和对外交流等职能。

青铜斝

商前期
通高 24 厘米，口径 16.6 厘米，底径 13 厘米
山西绛县西吴壁遗址 16 号墓出土
中国国家博物馆垣曲工作站藏

敞口，折沿，三棱状斝柱，半月形柱帽，斝柱与其中两足上下相对，器鋬略呈拱形，位于斝柱中心的延长线上，器腹下部外鼓，平底下接三个截面略呈四棱形的锥状半空足。柱、鋬、腹、足等处的范线清晰可见。通身可见明显烟炱。

青铜鬲

商前期
通高 20 厘米，口径 17.6 厘米
山西绛县西吴壁遗址 16 号墓出土
中国国家博物馆垣曲工作站藏

侈口，折沿，方唇，沿外侧有对称附耳，一耳对足，另一耳位于另外两足中点的延长线上，形成所谓"耳足四点配列式"，束颈，弧腹微鼓，下接三个截面略呈四棱形的锥状半空足。上腹所饰三周凸弦纹被纵向范线隔为三段，弦纹间饰两组疏密不均的连珠纹。鬲足及腹部可见明显烟炱。

青铜爵

————

商前期

通高 19.2 厘米，口径 20 厘米，底径 7.9 厘米

山西绛县西吴壁遗址 16 号墓出土

中国国家博物馆垣曲工作站藏

　　敞口，前有向上扬的槽状流，流与口相接处置三棱状双矮柱，后有上翘的三角形尖尾，上下腹间有一宽扁的拱形鋬，鋬上、下各有一处三角形镂孔，束腰，平底下接三个三棱状锥足。束腰之上有一周以兽面为核心的纹饰带。两组兽面分别以器鋬和扉棱为界，皆不完全对称，显现出略微原始的装饰工艺。器尾、底足相接等处可见明显补铸痕迹。

陶缸

商前期
高 39.2 厘米，口径 33.6 厘米，底径 8 厘米
山西绛县西吴壁遗址 16 号墓出土
中国国家博物馆垣曲工作站藏

　　夹砂红陶，直口，圆唇，沿外侧绳纹被抹，可见明显的轮修痕迹，近口部饰一周扭索状附加堆纹，斜深腹，其上饰竖行绳纹，圆饼状底，饰一周压印纹。

深腹陶盆

商前期
高 15.2 厘米，口径 29.6 厘米，底径 12 厘米
山西绛县西吴壁遗址 16 号墓出土
中国国家博物馆垣曲工作站藏

　　泥质灰陶，侈口，卷沿，圆唇，束颈，折腹，下腹饰斜向绳纹，平底微凹，底内侧印有交错绳纹。

浅腹陶盆

商前期
高 12 厘米，口径 46 厘米，底径 12 厘米
山西绛县西吴壁遗址 16 号墓出土
中国国家博物馆垣曲工作站藏

　　泥质灰陶，敞口，折沿，斜腹较浅，腹上部饰竖行绳纹，中下部饰交错绳纹。

小口陶瓮

———

商前期

高 26 厘米，口径 12.6 厘米，底径 10 厘米

山西绛县西吴壁遗址 16 号墓出土

中国国家博物馆垣曲工作站藏

　　泥质灰陶、小口、平沿、方唇，矮直领，领外侧有两周凸
棱，鼓肩，经磨光，饰三组六周凹弦纹，弧腹微鼓，腹饰竖行
绳纹，凹底，其上饰交错绳纹。

青铜鼎
———

商前期

通高 25.6 厘米，口径 20 厘米

山西绛县西吴壁遗址 15 号墓出土

中国国家博物馆垣曲工作站藏

　　侈口，折沿，方唇，沿上置对称竖耳，一耳对足，另一耳位于另两足中点的延长线上，形成所谓"耳足四点配列式"，鼓腹，腹上部所饰三周凸弦纹被纵向范线隔为三段，各段之间明显错位，阛底下接三个横截面略呈四棱锥的半空足，一足可见明显补铸痕迹。腹、足、器底等位置可见清晰的范线。通身带有明显烟炱。

陶鬶

商前期
通高 24 厘米，口径 16 厘米
山西绛县西吴壁遗址 15 号墓出土
中国国家博物馆垣曲工作站藏

　　泥质灰陶，侈口，折沿，圆唇，缘面可见轮修痕迹，高领外侈，领部绳纹被抹去，领腹以一桥形錾相连，分裆下接三锥状足，腹饰细绳纹，足跟素面。

玉瓒

商前期
长 6.2 厘米，宽 2.5 厘米，最厚 0.7 厘米
山西绛县西吴壁遗址 16 号墓出土
中国国家博物馆垣曲工作站藏

　　正视略呈梯形，淡绿色，通体磨制光滑，横截面较宽一段略薄，便于握持，较窄一侧粗糙，尚存有机质痕迹，原应黏附有机质。

陶爵

商前期
高 15.6 厘米，残口径 15.6 厘米
山西绛县西吴壁遗址 15 号墓出土
中国国家博物馆垣曲工作站藏

　　泥质灰陶，前有向上扬起的槽状长流，后有上翘的三角形尖尾（已残），浅腹、束腰、平底，下接三个尖部外撇的圆锥状足，足尖残，腹部有一略微宽扁的拱形鋬，通身绳纹被抹去。

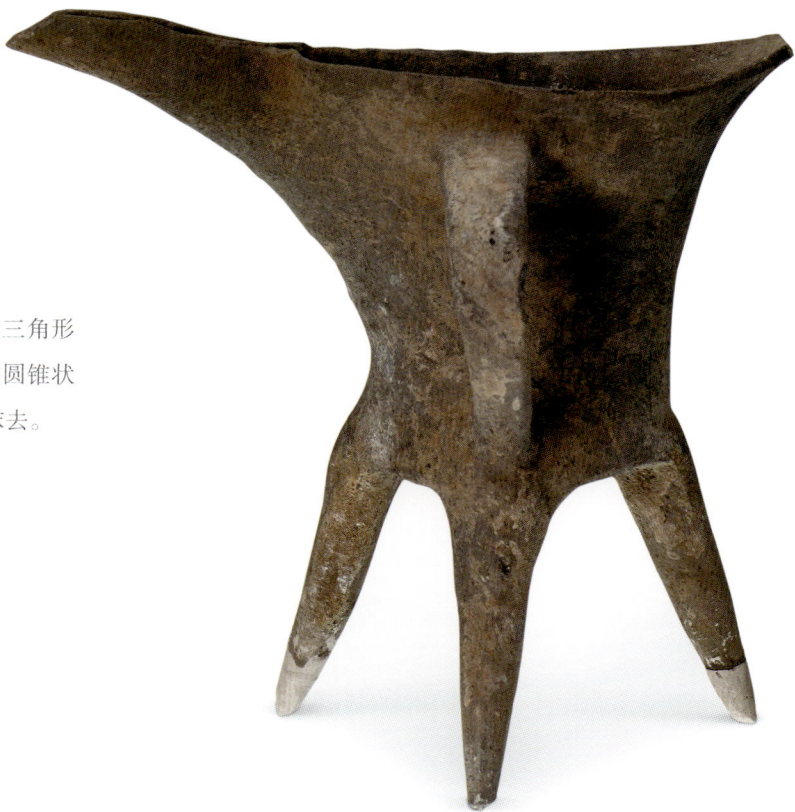

单把陶鬲
————

商前期

高 15.2 厘米，口径 12.8 厘米

山西绛县西吴壁遗址 15 号墓出土

中国国家博物馆垣曲工作站藏

　　夹砂灰陶，高领外侈，圆唇，领外侧可见较细的竖向刮抹痕，口沿与领下部以宽扁的桥形单把相接，单把大部残失，腹饰绳纹，分档下接三微外撇的袋足，足跟残失。

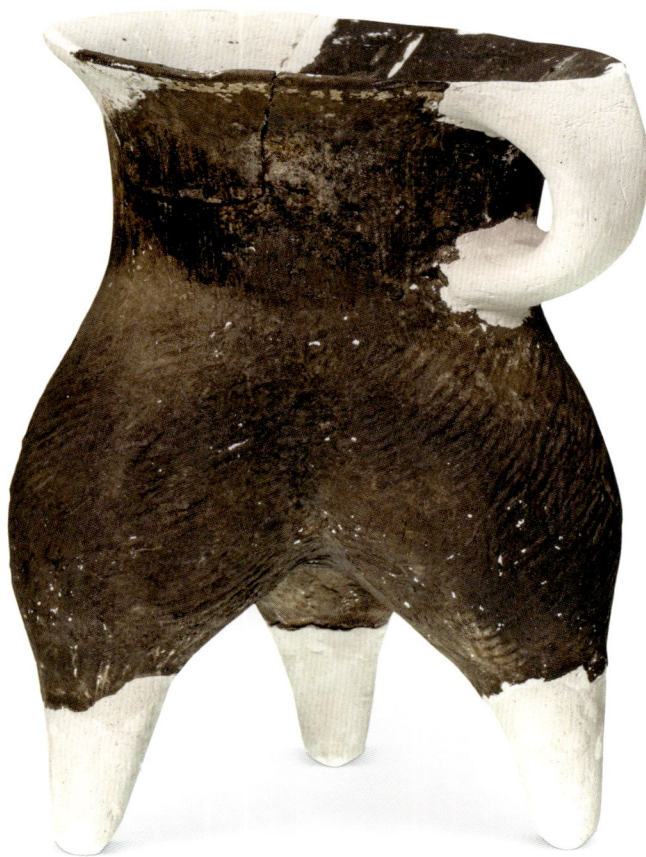

名称	湖北武汉盘龙城遗址
介绍	盘龙城遗址是长江流域保存最完整的一座商代早期城址。遗址年代从夏代晚期开始，一直延续到商代晚期前段，时间跨度为公元前17—前13世纪。通过盘龙城的考古发现，学术界首次认识到二里头及二里岗等中原文化在南方大范围的同一性，认识到夏、商王朝的政治版图到达了长江流域。

青铜鼎
———
商代
通高 17 厘米，口径 14.3 厘米
湖北武汉盘龙城遗址小嘴 3 号墓出土
盘龙城遗址博物院藏

　　圆唇，敞口，上立双耳，耳部口沿略厚，深圆腹，上腹部
有一周三组窄带状粗阳线兽面纹，三足为上宽下尖的粗阳线夔
纹扁足。

青铜斝

———

商代

通高 24 厘米，口径 15.5 厘米

湖北武汉盘龙城遗址小嘴 3 号墓出土

盘龙城遗址博物院藏

通体瘦高，侈口，加厚唇边，上立两个伞状柱帽。束腰，深腹微鼓，凸圜底，扁平半环形鋬，空三棱形锥足外撇。柱帽上素面无纹饰。器腰部饰一周三组窄带状粗阳线纹饰，其中鋬两侧各有一组夔纹，另一组为兽面纹。

青铜带錾觚形器

商代

高 18.5 厘米，长径 14 厘米

湖北武汉盘龙城遗址杨家湾 17 号墓出土

盘龙城遗址博物院藏

　　造型独特，为盘龙城遗址首次发现。器身内部为扁圆体空体，可装约440毫升的酒水。整体造型兼顾了觚、爵、角等青铜器的部分特征，体现了商代先民独特的艺术构思和审美特征。

提梁青铜卣

商代
高 29.3 厘米，腹长径 20 厘米、短径 13.3 厘米
山西闻喜酒务头商代墓地 1 号墓出土
山西博物院藏

　　青铜卣是商周青铜礼器中比较重要的盛酒器之一，根据记载，主要是用来盛鬯酒（用于祭祀的香酒）的器皿。该卣盖内寸器底铸铭"匿瓶"。

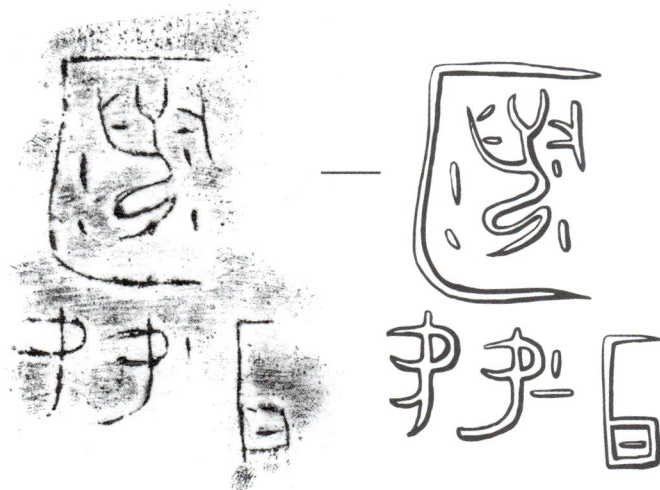

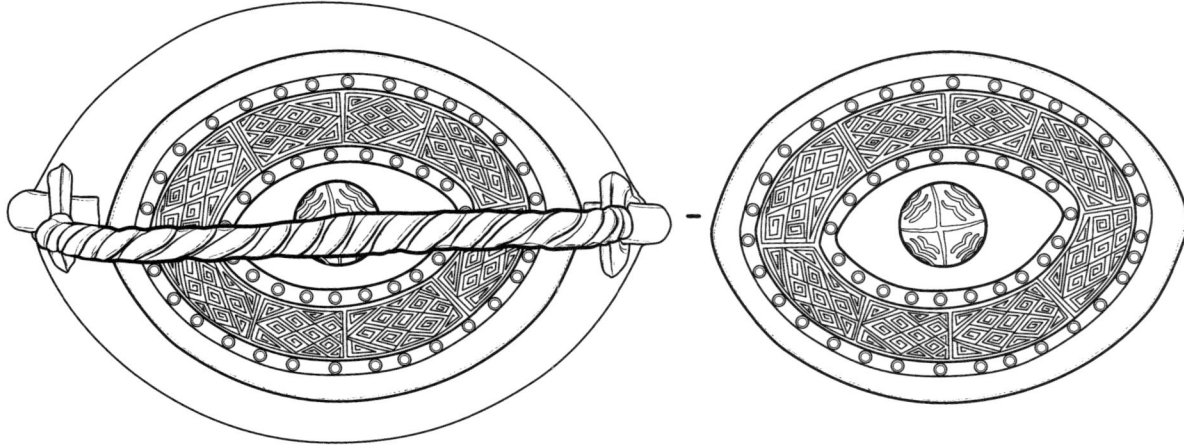

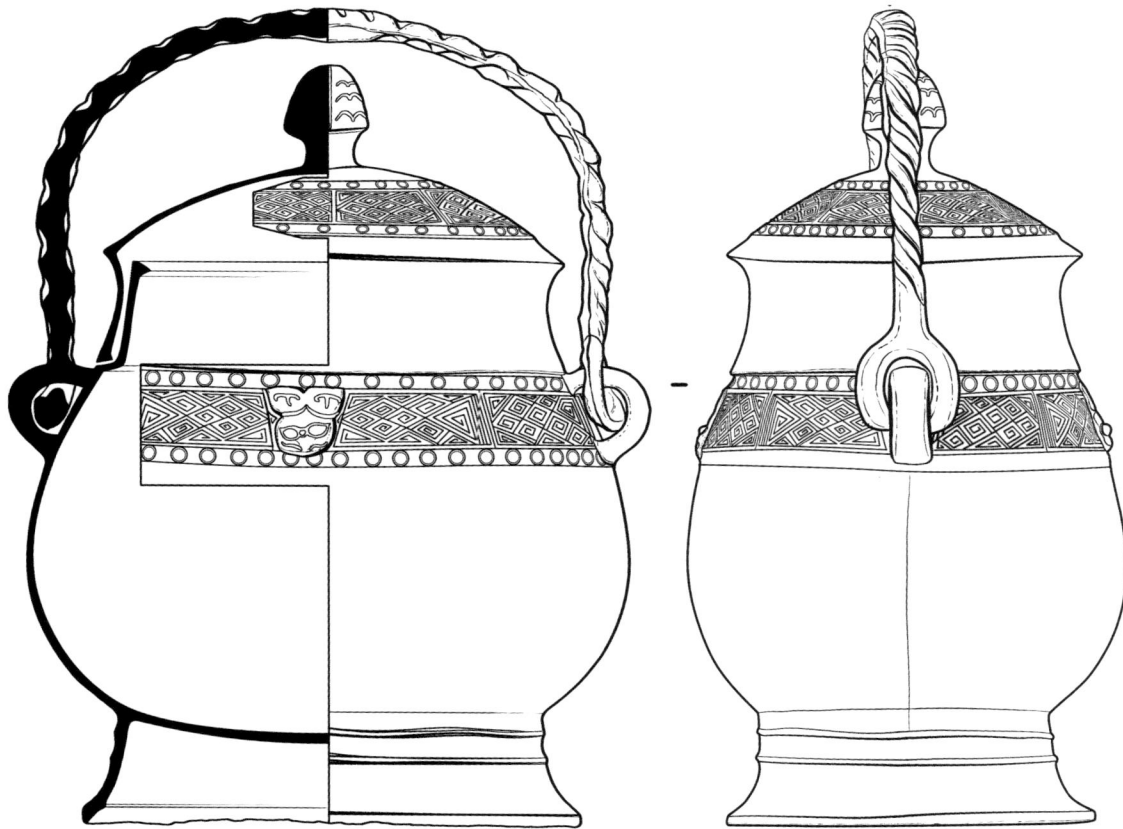

青铜罍
———
商代
高 27.9 厘米，口径 17.3 厘米
湖北武汉盘龙城遗址杨家湾 19 号墓出土
盘龙城遗址博物院藏

　　直口微侈，折沿，方唇，折肩，肩腹交界处有一周凸棱，斜腹微鼓，圈足外撇。颈部饰三周凸弦纹，肩部饰一周六组细阳线夔纹，腹部饰一周三组宽带兽面纹，圈足有一周凸弦纹及三个等距分布的椭圆形镂孔。

青铜爵
———

商代

通高 16.5 厘米，流尾长 15 厘米

湖北武汉盘龙城遗址杨家嘴 26 号墓出土

盘龙城遗址博物院藏

　　爵长流微上扬，残柱短小，折腹、平底，带状弧形鋬，三尖锥状实足。鋬两侧有两组相对的夔纹，与鋬相对的一侧饰一组兽面纹。

绿松石镶金饰件

商代

文物本体带框长 38 厘米，宽 30 厘米，高 15 厘米

湖北武汉盘龙城遗址杨家湾 17 号墓出土

盘龙城遗址博物院藏

　　器身主体以绿松石片拼嵌贴塑，眉毛、眼睛、牙齿、额饰、眉间饰由金箔片装饰而成。绿色的玉石和金色的黄金相互映衬，视觉效果十分突出。对于研究我国早期金器和金玉镶嵌工艺具有重要意义。经研究复原为一首双身的浮雕龙形饰。饰件以大漆为黏合剂，胶结在木材或皮革等有机质之上。这是目前年代最早的独体一首双身龙形器，是商代先民精神信仰的重要物证。同时也是绿松石作为王朝国玉，自二里头文化延续至商代的实物见证。

青铜鬲

商代

通高 18.1 厘米，口径 14.2 厘米

湖北武汉盘龙城遗址杨家湾 19 号墓出土

盘龙城遗址博物院藏

侈口，卷沿，小方唇，沿上有半环形双耳，分裆，三尖锥状足外撇，足内中空并残留范土。颈饰一周三组兽面纹，兽面纹上下以联珠纹为界，腹裆处有两周平行的"人"字形凸弦纹。

青铜觚
———

商代

高 19.3 厘米，口径 13 厘米

湖北武汉盘龙城遗址王家嘴 4 号墓出土

盘龙城遗址博物院藏

　　侈口，呈喇叭状，圈足底部内折为方唇状。腰部下饰一周两组窄带状粗阳线兽面纹。圈足上部有四条平行凸弦纹，其间等距分列三个"十"字形镂孔，器足底部分布有三个长方形缺口，镂孔与缺口相对应，但与兽面纹单元错位。

青铜钺

商代
高 13 厘米，肩宽 10.6 厘米
湖北武汉盘龙城遗址小嘴 3 号墓出土
盘龙城遗址博物院藏

　　小嘴 3 号墓随葬有较多的青铜兵器，种类有钺、戈、镞等。此钺呈梯形，长方形素面直内，肩部平直，两侧有对称的长方形穿孔，弧刃，器身中部有一隆起的圆孔。

青铜面具

商代
高 21 厘米，宽 26.5 厘米
湖北武汉盘龙城遗址小嘴 3 号墓出土
盘龙城遗址博物院藏

　　整体呈片状，较轻薄，轮廓类似羊、鹿一类兽面形象。小嘴 3 号墓出土的铜面具及铜泡，可能与防护铠甲有关。

玉璧

———

商代

直径 22 厘米，领高 3 厘米

湖北武汉盘龙城遗址小嘴 3 号墓出土

盘龙城遗址博物院藏

　　中间领部上下凸出，璧身表面饰有九组同心圆纹饰，制作
规整，纹饰清晰。新干大洋洲出土的有领玉璧和三星堆、金沙
出土的玉瑗形制风格与此玉璧接近，反映了商代中原文化向南
的传播和影响，以及长江流域不同地区间的文化交流。

玉钺

———

商代

高 19.1 厘米，刃宽 10.1 厘米

湖北武汉盘龙城遗址小王家嘴 24 号墓出土

盘龙城遗址博物院藏

　　器表呈灰白色，夹杂黄褐色、青绿色瑕斑，通体磨制光滑圆润。梯形片状，上部有一圆形穿孔，下部双面弧刃。

玉戚

———

商代

高 5.5 厘米，宽 5 厘米

湖北武汉盘龙城遗址杨家湾 17 号墓出土

盘龙城遗址博物院藏

　　器身左右对称，两侧各有 3 个齿棱，这些齿棱既具有装饰效果，也带有宗教或礼仪内涵，同时也是把玉戚跟玉钺区分开来的重要特征。此玉戚的顶端和刃部为弧形，整体呈"风"字造型，颜色呈现黄白色，通体圆润光滑。夏商周时期，礼制等级制度逐渐强化，制作小巧精良的玉戚便具有了祭神舞蹈、象征权力的功能。

名称	山西闻喜酒务头墓地
介绍	酒务头墓地是晚商"匿"族墓地。墓地出土的青铜器组合及器型、纹饰风格和大墓形制体现了商文明演进过程的统一性和复杂性，对于认识晚商文化的区域类型、商王朝西部势力范围的变迁、中央对地方的管控方式和国家政治地理结构等课题具有重要意义。

青铜圆鼎

商代

通高 25.3 厘米，口径 20 厘米

山西闻喜酒务头商代墓地 1 号墓出土

山西博物院藏

　　鼎腹上部有圆涡纹及斜十字花叶纹组成的条带纹饰，鼎内壁铸有"匚㠯"铭文。出土时，器内有大量猪骨。

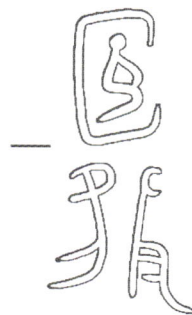

青铜爵

商代

通高 22 厘米，口长 17.8 厘米

山西闻喜酒务头商代墓地 1 号墓出土

山西博物院藏

　　该墓出土一组青铜爵，与觚配套，代表了墓主高等级的身份和地位。此爵鋬下腹壁铸铭"奚"。

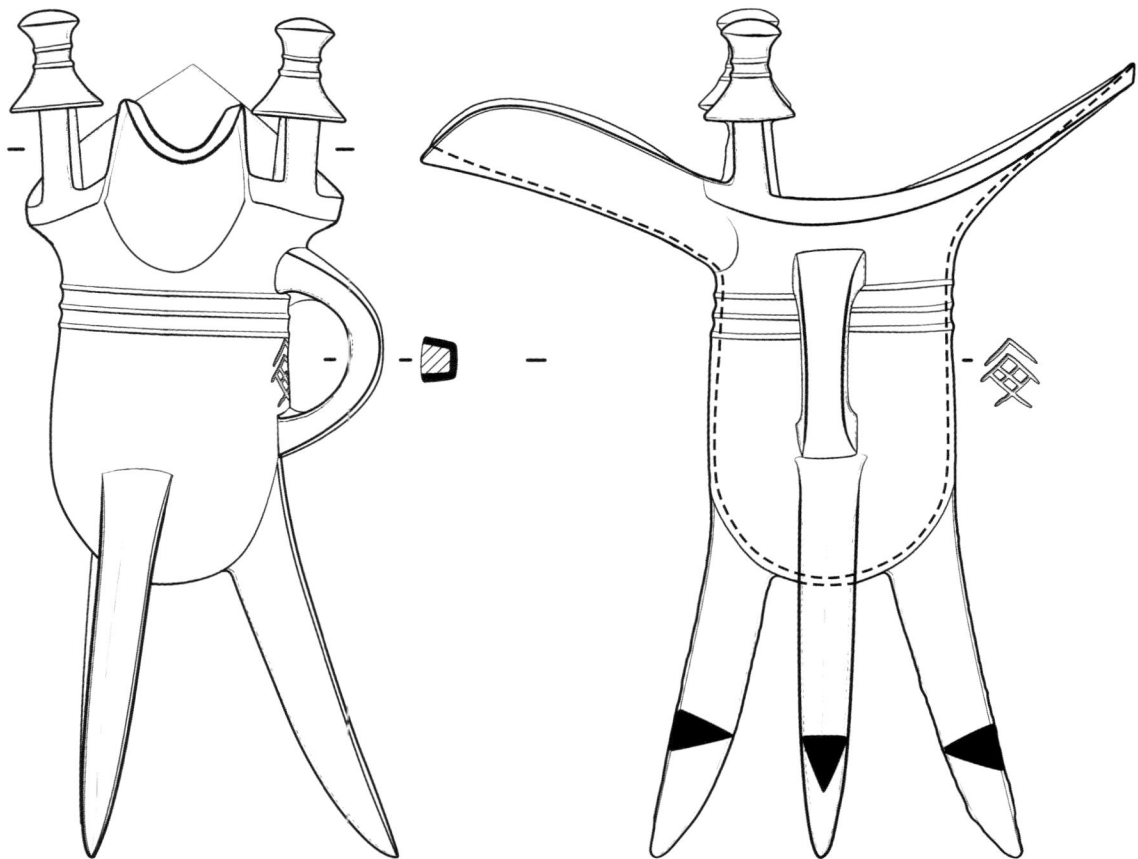

青铜觚

———

商代

高 22 厘米，口径 13 厘米

山西闻喜酒务头商代墓地 1 号墓出土

山西博物院藏

　　一般认为觚相当于酒杯，爵相当于酒壶。商晚期口部极度
外张的觚还可用来盛装醴（甜酒），以匕舀取而食。

名称	陕西宝鸡石鼓山墓地
介绍	石鼓山墓地是商周考古的一次重要发现，出土了各类文物共计230余件（组），其中包含92件青铜礼器与26组铭文及族徽符号。

"鸟父甲"青铜鼎

西周早期
通高 33.3 厘米，口径 26.8 厘米
陕西宝鸡石鼓山西周墓地 3 号墓出土
宝鸡市渭滨区博物馆藏

口微敛，折沿方唇，直立耳，腹部圆鼓，圜底，三柱足。口沿下和柱足处均饰有兽面纹，云雷纹为地，并以短扉棱为间隔。沿下内壁铸有鸟纹族徽和"父甲"二字。此鼎形制、纹饰与殷墟出土的戍嗣子鼎相似。此类样式应流行于商周之际。

龙纹禁

西周
高 20.5 厘米、长 94.5 厘米、宽 45 厘米
陕西宝鸡石鼓山西周墓地 3 号墓出土
宝鸡市渭滨区博物馆藏

以往在宝鸡地区曾发现过 2 件铜禁，皆为戴家湾出土，1 件现藏于美国纽约大都会博物馆，另 1 件现藏于天津博物馆。石鼓山 3 号墓铜禁出土后，3 件铜禁在形制、纹饰方面相近，细部有所不同，时代大致相同。该件铜禁是唯一一件经过科学考古发掘出土的铜禁，具有非常重要的考古学价值。

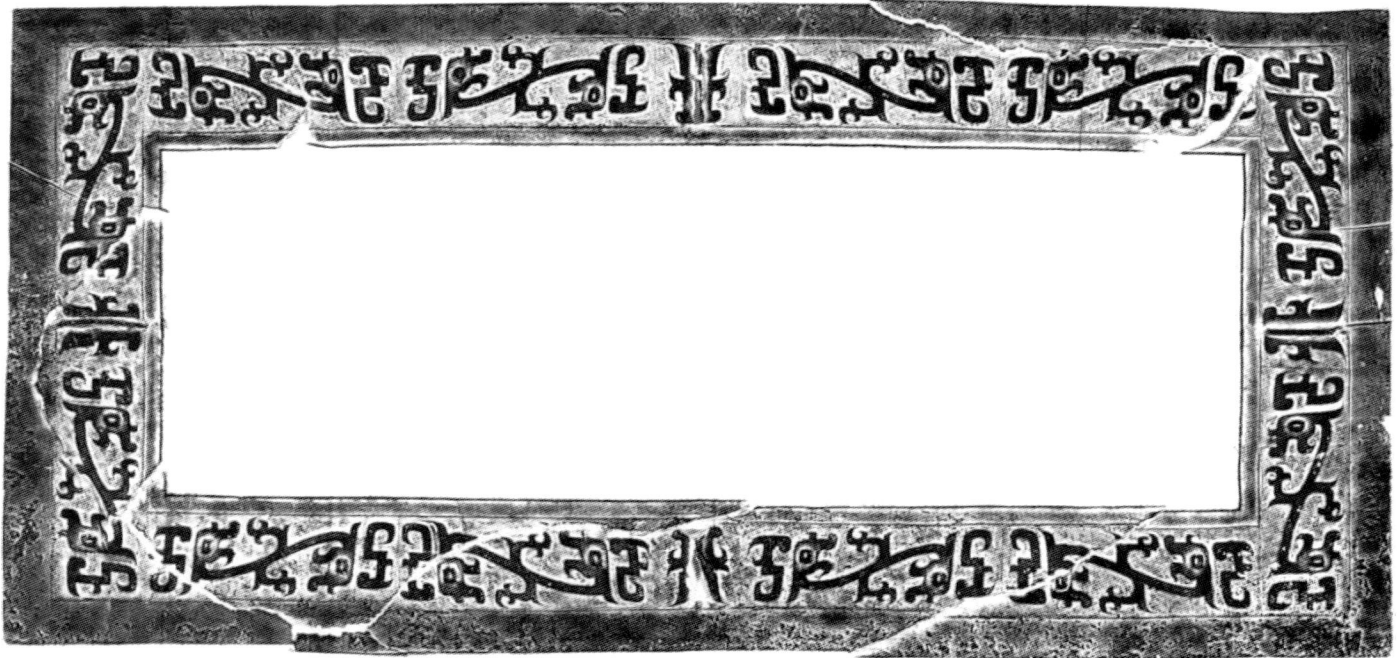

"户"卣甲

————

西周

高 50 厘米，口横 18.2 厘米，

口纵 14.5 厘米

陕西宝鸡石鼓山西周墓地 3 号墓出土

宝鸡市渭滨区博物馆藏

　　同出 2 件，形制、纹饰、铭文相同，仅大小有别，此为较大的一件，放在禁的中间。器、盖同铭，各一字"户"。

"父甲 " 青铜壶

西周

高 42.2 厘米，口径 10.4 厘米

陕西宝鸡石鼓山西周墓地 3 号墓出土

宝鸡市渭滨区博物馆藏

　　具盖，器身短颈、深腹、矮圈足。颈部饰以云雷纹构成的兽体目纹，前后各饰一个浮雕兽首。器、盖同铭"父甲"。

"亚共庚父丁"青铜尊

西周

高 25.8 厘米，口径 20.2 厘米

陕西宝鸡石鼓山西周墓地 1 号墓

宝鸡市渭滨区博物馆藏

　　具圈足内壁铸铭文 5 字"亚共庚父丁"，传世器中有 2 件青铜角，与之同名。西周"亚共庚父丁"尊是腹部装饰纹饰带，上下辅以两周弦纹的筒型尊，习见于商晚期至西周早期，但是在尊器上加上半环形单鋬，仅在西周早期的尊形器中有少量发现。

"单父丁"青铜卣

西周

高 39 厘米，口横 15.5 厘米，口纵 12.4 厘米

陕西宝鸡石鼓山西周墓地 4 号墓 3 号壁龛出土

宝鸡市渭滨区博物馆藏

器内底铭文三字"单父丁"。出土时腹内置有一件铜斗。

"冉"青铜盉

西周

高 28.6 厘米，口径 11.6 厘米

陕西宝鸡石鼓山西周墓地 3 号墓出土

宝鸡市渭滨区博物馆藏

侈口，卷沿，束颈，鬲状袋腹，三柱足。盖顶有精致的双首龙钮，盖与器身一侧的牛首錾间有短链连接，与錾对应的颈部还设有一管状流。盖缘及颈部饰勾连云纹，上下以圆圈纹为界栏。腹部饰双线三角纹，流部饰简化蝉纹。錾内侧的腹壁上铸铭文一字"冉"。

名称	陕西宝鸡周原遗址
介绍	周原是周人的古都和发祥地。新一轮的考古工作发现了三号建筑遗址，丰富了凤雏建筑群的内涵。殷移民属性的"居址—墓葬区"有助于思考周原遗址的族属分布和居葬形态。周原遗址水网系统的确认，强化了以往发现的诸多遗迹之间的有机联系，加深了以往对周原遗址聚落扩张过程与水源关系的认识。还发现了一辆罕见的青铜轮牙马车，为西周车制研究提供了全新的资料。

青铜马车（复原）

西周

原件于陕西宝鸡周原遗址出土

陕西省考古研究院藏

2014年，考古工作者在周原遗址发现一座西周时期的车马坑，内埋一辆精美的青铜轮牙马车。车轮直径约1.4米，轮牙宽5.7厘米。车坑中部偏南出土銮铃、车軏及车衡，车衡表面残存皮革痕迹，并镶嵌绿松石。车辖、车軎、车輨保存良好。车厢两侧及后侧装饰青铜兽面。轴端镶嵌绿松石动物纹样，或与文献记载的"金路"有关。这是目前所发现的唯一一套保存完整的"青铜轮牙马车"。

革故鼎新

Improvement through Transformation

春秋战国是中国历史上一次大变革时代，这场变革从各个方面塑造了此后中华文明的基本特质。华夏民族的整合与形成，对历史造成了深远的影响。

The Spring and Autumn and the Warring States periods (770–221 BCE) were a transformative era in Chinese history that shaped in all aspects the fundamental characteristics of subsequent Chinese civilization. During these two periods, the integration and formation of the Huaxia people, who emerged in the preceding Xia, Shang, and Western Zhou dynasties through the integration of the Central Plains people with neighboring clans, tribes, and tribal alliances, had profoundly impacted Chinese history.

名称	陕西澄城刘家洼遗址
介绍	刘家洼芮国遗存不但是周代封国政治的稀世硕果，同时也是中华文明自古以来融会东西、交流南北、沟通中外、多元一体的文化发展历程的真实反映。

权杖

春秋

长约 140 厘米

陕西澄城刘家洼遗址 2 号墓出土

陕西省考古研究院藏

　　金首铜镡权杖，是我国迄今发现的唯一一件金权杖头。整器长约1.4米，权杖头上有蟠螭纹，十分精美。

金杖首

权杖身

权杖身

铜镈

金牌饰

———

春秋

通长 5.6 厘米，通高 4.7 厘米

陕西澄城刘家洼 2 号墓出土

陕西省考古研究院藏

玉琮

———

春秋

高 5.9 厘米，直径 3.4 厘米

陕西澄城刘家洼 49 号墓出土

陕西省考古研究院藏

　　此玉琮与常见的内圆外方之琮有所不同，仅一侧见方，两折角雕饰立人，其他部分雕刻抽象兽面和线条。该玉琮可能由齐家玉器改形而成。

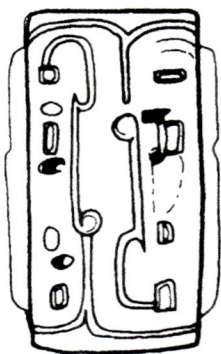

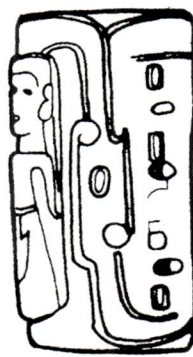

玉琮立面人物形象

玉戈

春秋

长 43 厘米，宽 10 厘米

陕西澄城刘家洼 2 号墓出土

陕西省考古研究院藏

玉项饰

春秋

周长约 60 厘米

陕西澄城刘家洼 19 号墓出土

陕西省考古研究院藏

名称	山西垣曲北白鹅墓地
介绍	北白鹅墓地是一处历时久长、内涵丰富、保存较为完整的大型遗址，墓主人应该为召公家族三大宗族之一的太保匽仲氏，这里很可能是其后人的家族墓地和王畿内采邑，肩负着拱卫洛邑北疆和控制盐铜矿产资源的战略要务。它的发掘为研究晋南地区不同时期的埋葬制度、人群族属、社会生活、采邑制度、宗法制度以及文化交流等提供了新的资料，对探索晋南地区文明化进程在整个中原地区的作用和地位、实证中华文明史都具有重要意义。

"夺"青铜簋

春秋

通高 28 厘米，口径 20.6 厘米

山西垣曲北白鹅墓地 3 号墓出土

山西省考古研究院藏

　　簋盖为圆形，盖面隆起，中间设喇叭状圆形捏手。簋盖上的铭文共有 12 行 94 字，含重文两字。器内铭文内容与簋盖相同，唯行款与字体略有差异。铭文的大意就是，墓主人"夺"被周天子册封为掌管诉事和殷八师的官员，为了感谢周天子，他做了这些青铜器。与此同时，"夺"还感谢了自己的祖先"仲氏"和自己的父亲。

簋盖铭文拓片

"匽姬"青铜甗

春秋

通高 45.6 厘米，甑耳间距 44.2 厘米，鬲耳间距 30.5 厘米

山西垣曲北白鹅墓地 3 号墓出土

山西省考古研究院藏

　　甑体敞口、方唇，腹斜收，沿下两侧对称置附耳，箅底有"一"字形箅孔33个，甑底作圈足状子口。甑近口沿处后腹内壁铸有铭文3行11字，"虢季为匽姬媵甗永宝用享"。

青铜盒
———

春秋

高 5.4 厘米，长 10.5 厘米

山西垣曲北白鹅墓地 6 号墓出土

山西省考古研究院藏

　　北白鹅发现的铜盒是同类器中一次性发现数量最多、造型最丰富、样品保存最好的。检测表明，铜盒内的残留物是以油脂、植物精油、朱砂及方解石、霰石为主要成分的化妆品，是中国先秦时期化妆品应用的重要实物资料。

名称	山西襄汾陶寺北墓地
介绍	陶寺北墓地从两周之际延续到战国时期，伴随了晋国的兴衰，春秋时期应是晋国的一处"邦墓"，其中高等级的墓葬可能是世袭贵族。战国时属于魏。陶寺北墓地丰富的地下文物，对进一步研究两周时期的墓葬制度、礼乐制度、分封制度具有重大学术意义。

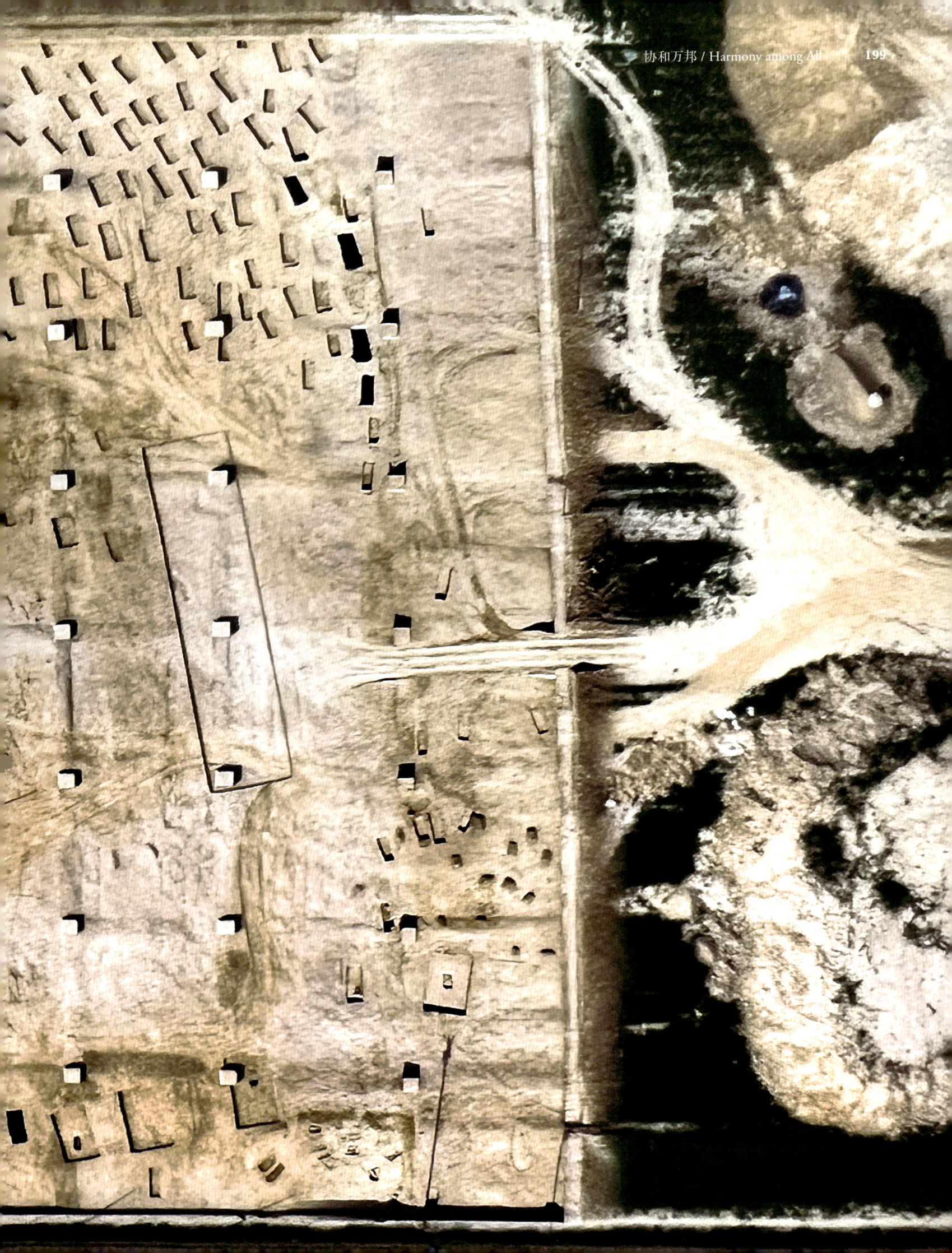

青铜壶（2件）

春秋

通高 27.5 厘米，方圈足长 11 厘米、宽 7.5 厘米

通高 27.3 厘米，方圈足长 10.8 厘米、宽 7.4 厘米

山西襄汾陶寺北墓地 7 号墓出土

山西博物院藏

　　两壶形制、纹饰相同。壶身横截面呈圆角长方形。长子口盖，圈足式捉手。长颈，贯耳，垂腹，平底，方圈足外撇。颈部饰窃曲纹，腹部饰重环纹。

青铜方壶（2件）

———

春秋

高 57.1 厘米，口长 23.6 厘米、宽 18.6 厘米

高 59.7 厘米，口长 23.6 厘米、宽 20 厘米

山西襄汾陶寺北墓地 1 号墓出土

山西博物院藏

两壶形制、纹饰相同。长束腰，垂腹，高圈足。壶颈两侧有兽形耳，颈部浮雕鸟衔蛇纹。颈腹间以凸棱相隔，腹部四面各饰浮雕双身蛟龙纹。

青铜盉

春秋

高 22.7 厘米，腹径 33.6 厘米，通长 24.5 厘米

山西襄汾陶寺北墓地 1 号墓出土

山西博物院藏

短直颈，扁鼓腹。盖、提梁上各有一环形钮，上穿铜链。三细蹄足。扁腹部有两周凸弦纹。素面、通体光亮，应为实用器。

青铜鉴

春秋

高 40.3 厘米，口径 65 厘米，底径 35.2 厘米

山西襄汾陶寺北墓地 1 号墓出土

山西博物院藏

　　束颈、腹较鼓、底部内曲、形成一段假圈足，平底。颈部一共有 4 个錾耳，仅剩一对兽首形。

名称	河南南阳夏饷铺墓地
介绍	夏饷铺墓地为西周晚期到春秋早期的鄂国贵族墓地，由出土铜器铭文可知至少埋葬了四代鄂伯或鄂侯及其配偶，是研究鄂国历史的重要线索。

"养伯"青铜方壶盖

西周晚期

高 13.6 厘米，长 18.1 厘米

河南南阳夏饷铺 1 号墓出土

南阳文物保护研究院藏

铭文位于口沿面："养伯□作宝壶，其万年子子孙孙永宝用享"。

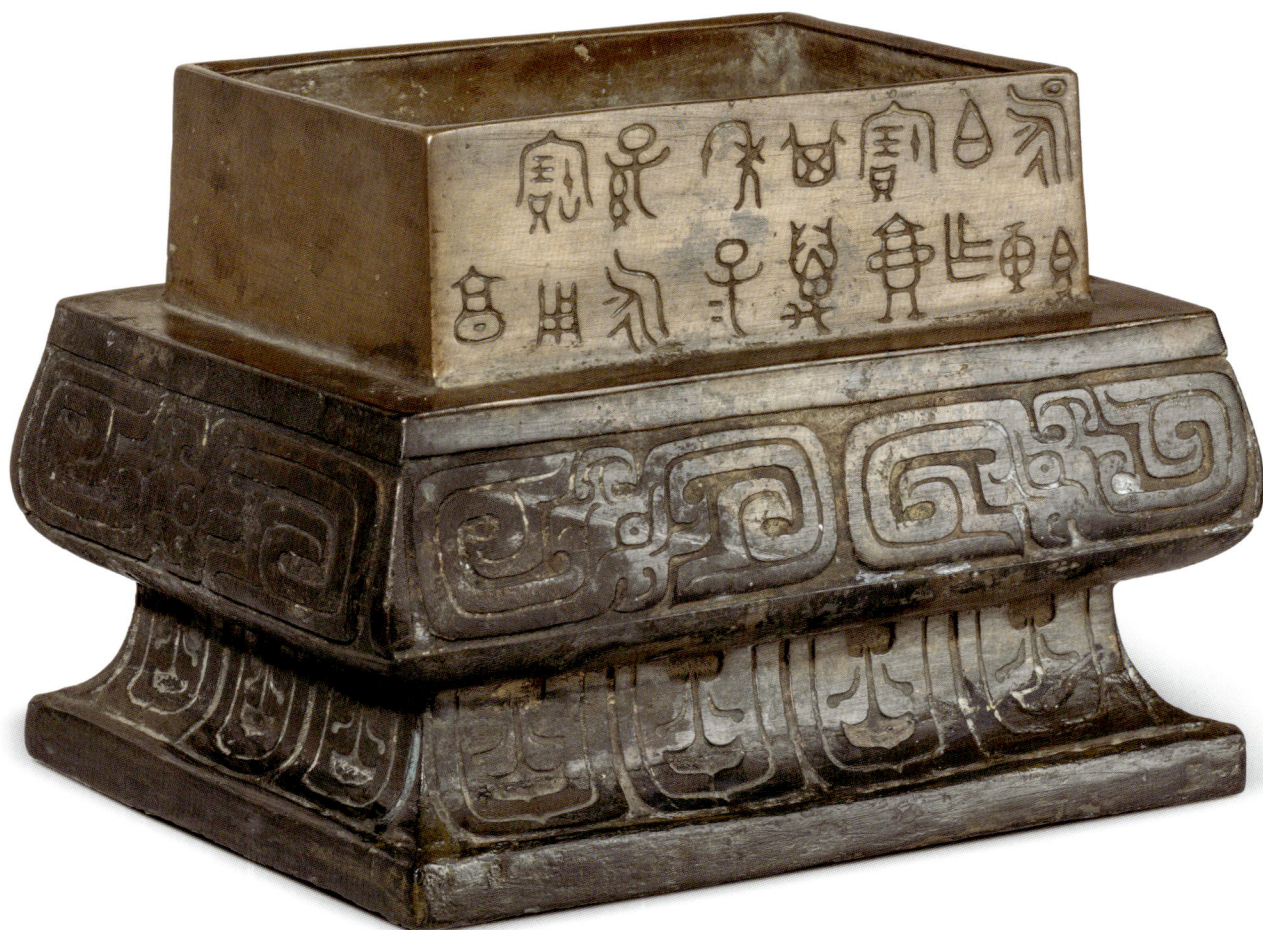

"噩姜"青铜鬲（2件）

西周

高 14.4~14.7 厘米，口径 20.6~20.9 厘米

河南南阳夏饷铺 5 号墓出土

南阳文物保护研究院藏

两件鬲沿面皆铸有铭文"噩姜作羞鬲"。

"噩姜"青铜簠（2件）

西周晚期

高 17.4 厘米，口长 31.3 厘米

高 18.4 厘米，口长 31.1 厘米

河南南阳夏饷铺 5 号墓出土

南阳文物保护研究院藏

两器盖对铭："噩姜作旅簠。"

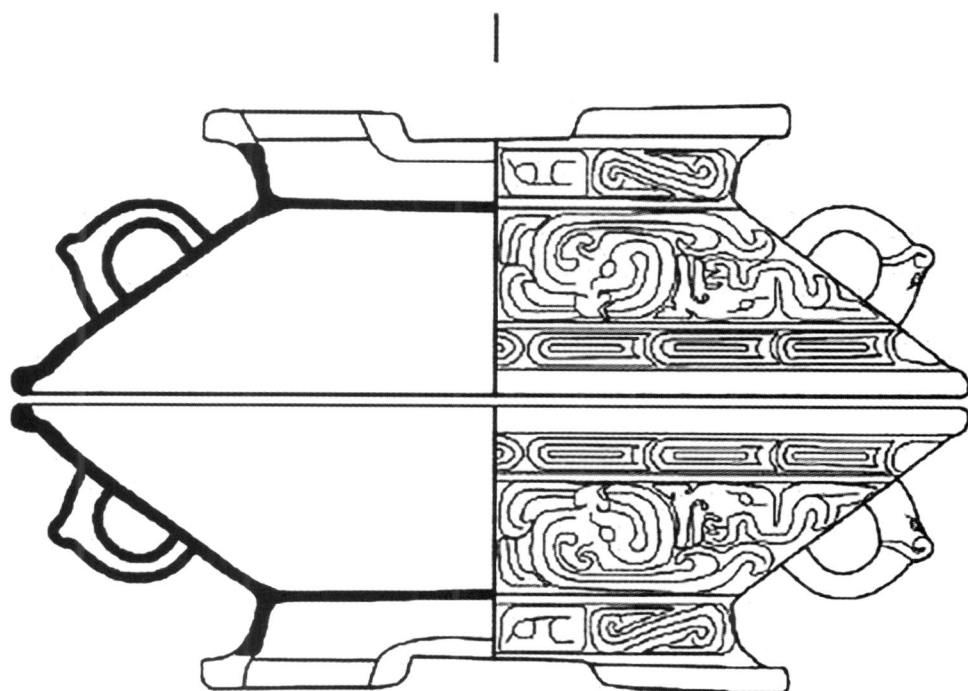

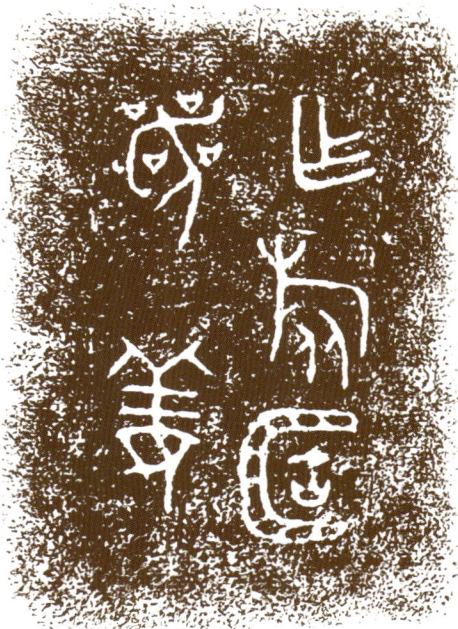

"噩侯"青铜壶

西周晚期
高 32.8 厘米，腹径 20.8 厘米
河南南阳夏饷铺 19 号墓出土
南阳文物保护研究院藏

盖口外侧边缘有铭文："噩侯作孟姬媵壶"。

"噩侯" 青铜鼎（7 件）

春秋
高 23~35.1 厘米，口径 20.9~31.4 厘米
河南南阳夏饷铺 1 号墓出土
南阳文物保护研究院藏

一套7件。鼎内壁有铭文："唯正月初吉己丑，鄂侯作夫人行鼎。"最小一件纹饰与其他鼎不同，或因原鼎遗失，随葬时后配。

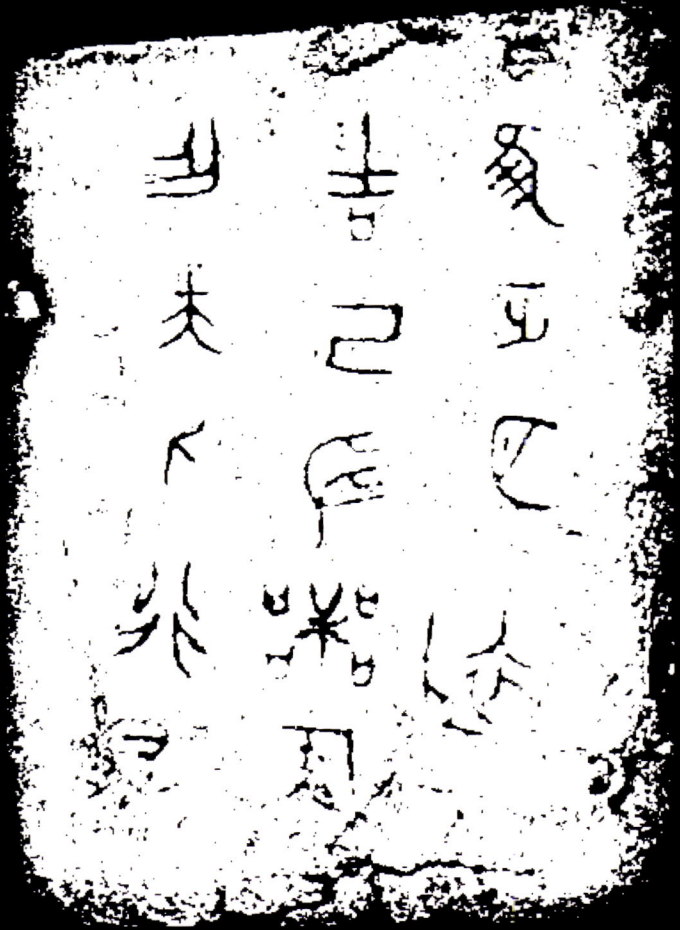

青铜簋（4件）

春秋

通高 23.2 厘米，口径 19 厘米

河南南阳夏饷铺 19 号墓出土

南阳文物保护研究院藏

盖顶有喇叭形捉手，腹部有龙首双耳，耳下有短珥，圈足下承三个兽面扁足。盖表与器腹饰瓦楞纹。

龙纹青铜簠

春秋
高 19 厘米，口沿长 29.2 厘米、宽 19 厘米
湖北枣阳郭家庙曾国墓地 22 号墓出土
湖北省博物馆藏

　　底、盖同形。长方形，敞口，窄平折沿，斜腹，平底，有四蹼形足，两侧腹壁外有对称的两对兽首半环形耳。口沿下饰一周兽体卷曲纹，腹壁四周饰对称曲体龙纹，器盖顶、足上均饰龙纹。

青铜鼎

———

春秋

通高 32.9 厘米，口径 38.3 厘米

湖北随州枣树林曾国墓地 190 号墓出土

随州市博物馆藏

器内壁铸铭文 8 行 48 字："唯王正月初吉丁亥，曾公畎择其
吉金，自作彝升鬻鼎，用享以孝于辝皇祖南公至于桓庄，以祈
永命，眉寿无疆，其永保用之"。

青铜壶

————

春秋

通高 57.2 厘米，口径 17.8 厘米，最大腹径 31 厘米

湖北随州枣树林曾国墓地 190 号墓出土

随州市博物馆藏

器盖 8 个莲瓣内侧铸有铭文，每瓣 5 至 7 字不等，共 16 行 48 字："唯王正月初吉丁亥，渔聿择吉金，自作宗彝尊壶，用享以孝于辞皇祖南公至于桓庄，以祈永命，眉寿无疆，子孙孙永保用之"。器身颈部环带纹之间铸铭文，12 行 50 字："唯王正月初吉丁亥，曾公畎择其吉金，自作宗彝尊壶，用享以孝于辞皇祖南公至于桓庄，以祈永命，眉寿无疆，子孙孙永保用之"。

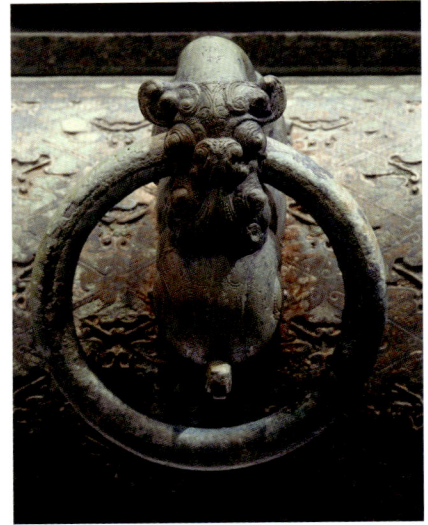

曾侯丙方缶

战国
通高 47.5 厘米、口边长 22.8 厘米
湖北随州文峰塔 18 号墓出土
随州市博物馆藏

　　器体方鼓、方盖、方口、方肩、方圈足，肩部对置兽首衔环。通体饰菱形勾连纹、内嵌绿松石。器盖内壁铸铭文："曾侯丙之赴缶硖以为长事"；双耳铸铭文："曾侯赴缶硖以为"，表明了器主身份。

名称	山东沂水纪王崮春秋墓
介绍	纪王崮春秋墓的墓室与车马坑共凿于一个岩穴中，是一种全新的埋葬类型。墓葬内出土了大量青铜礼、乐、兵、车马器及玉器。其规模较大、规格较高、结构特殊、出土遗物丰富，对研究该地区的墓葬制度、考古学文化等均具有重要的价值。

"华孟子"青铜鼎
———————

春秋

通高 59.5 厘米，口径 55.5 厘米

山东沂水纪王崮 1 号墓出土

沂水县博物馆藏

腹内壁铭文5行27字："华孟子作中叚氏妇中子媵宝鼎，其眉寿万年无疆，子＝孙＝保用享"。意思是说，华孟子制作了这件大铜鼎，是为自己嫁给中叚氏的二女儿做陪嫁用的宝鼎，希望长寿万年没有尽头，子子孙孙永远享用。从铜鼎的用途来看，非常明确，这是一件媵器，做陪嫁用的。

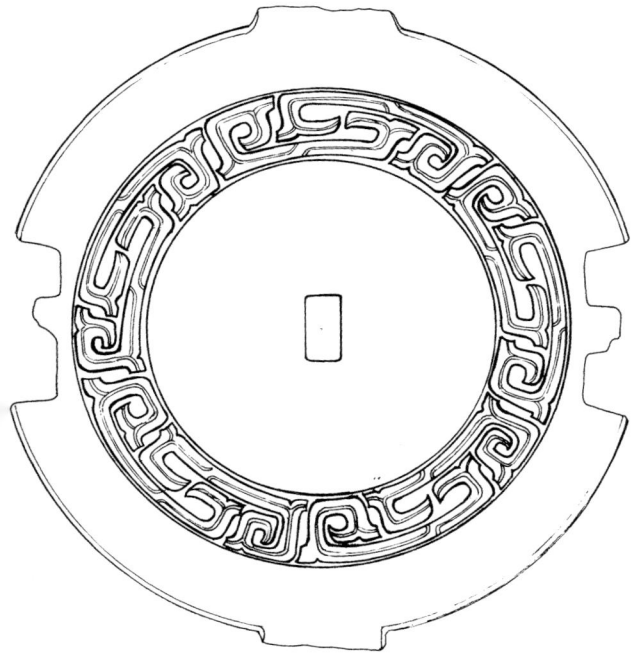

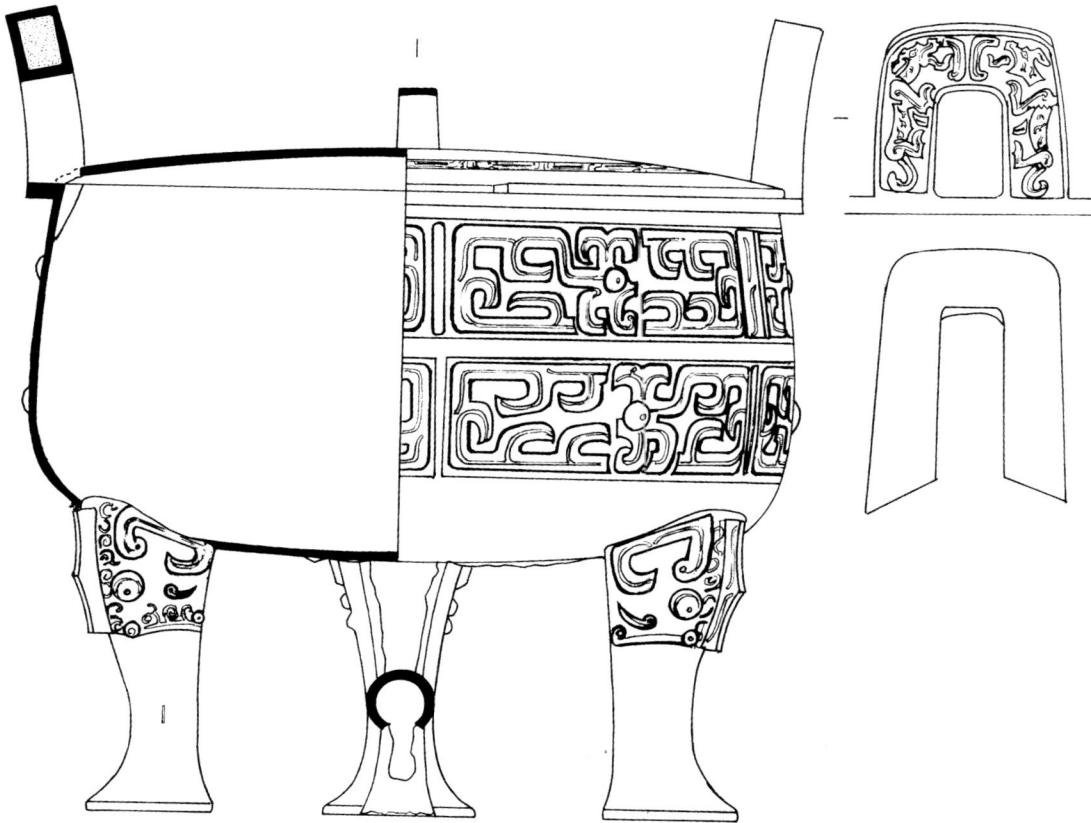

青铜鉴盂

春秋

高 30.5 厘米，口径 61.2 厘米，底径 25.8 厘米

山东沂水纪王崮 1 号墓出土

沂水县博物馆藏

　　侈口、折沿、方唇、束颈、颈下均匀分布四个兽首衔环、平底。颈部饰龙纹，腹上部饰三周勾连蟠螭纹，腹下部饰龙纹。腹内壁铭文7行38字："唯王正月初吉丁亥，邿伯厚之孙鼃君季蔥，自作鉴盂，用祀用飨，其眉寿无疆，子=孙=永宝是尚"。

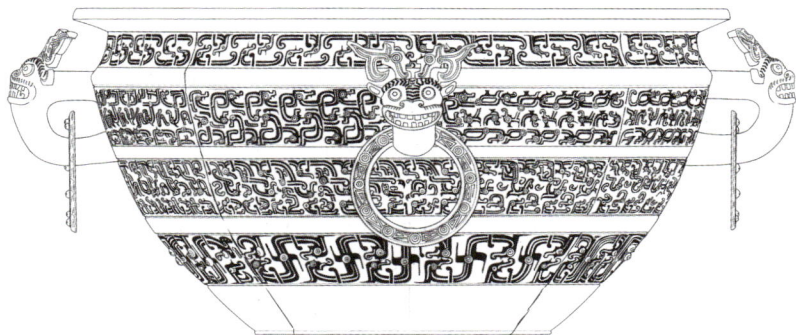

青铜铺

春秋

通高 32.9~33.8 厘米，口径 23.9~26.1 厘米，足径 18.5~22.5 厘米

山东沂水纪王崮 1 号墓出土

沂水县博物馆藏

　　青铜铺是西周晚期礼器中新出现的盛食器，与青铜豆功能类似，至春秋早期就逐渐消失。该墓共出土7件，大小、形制基本一致。半球形盖，盖顶有八花瓣形捉钮，盖面四周均匀分布4个扉棱。浅平盘，斜折沿，方唇，直壁，平底，喇叭形圈足。器物镂空或饰蟠螭纹。

玉玦

春秋
外径 7 厘米、内径 3.6 厘米
山东沂水纪王崮 1 号墓出土
沂水县博物馆藏

　　青色，有白色和红褐色色斑。缺口的一端雕成鹰首形，另一端表面饰有云雷纹，周边雕琢有牙脊。缺口两端及边缘处共钻有三孔，便于穿缀。

兽头玉饰

春秋
长 4.7 厘米，后端径 1.7 厘米
山东沂水纪王崮 1 号墓出土
沂水县博物馆藏

　　用一段青色玉雕制而成。前端雕成兽首形，后端有空腔。耳后饰两周细凹弦纹。

玉琮

春秋
高 5.2 厘米，宽 5.9 厘米
山东沂水纪王崮 1 号墓出土
沂水县博物馆藏

　　青色，表面泛白，受沁。器表四面均饰双勾阴线螭龙纹。射口部有对称的圆孔以便穿缀。

玉璜

春秋
长 17.4 厘米，宽 2.7 厘米
山东沂水纪王崮 1 号墓出土
沂水县博物馆藏

　　青色，局部有白斑。正面饰双勾阴线虺龙纹。器体两端各琢三孔，以备系带。

玉人

春秋

高 6.4 厘米，宽 3.1 厘米

山东沂水纪王崮 1 号墓出土

沂水县博物馆藏

　　青色，通体光滑。器片状，雕镂成蜷曲人身、细眉、圆眼、宽鼻。其胸部和背后各雕一龙。人、龙各饰卷云纹。此玉人为人龙合体，形象奇异。

玉觿

春秋

长 8.3 厘米

山东沂水纪王崮 1 号墓出土

沂水县博物馆藏

　　青色，表面泛白有白斑。龙首位于玉觿的一端。器表两面均饰双勾阴线虺龙纹。龙背上方钻有一孔，以备系佩。

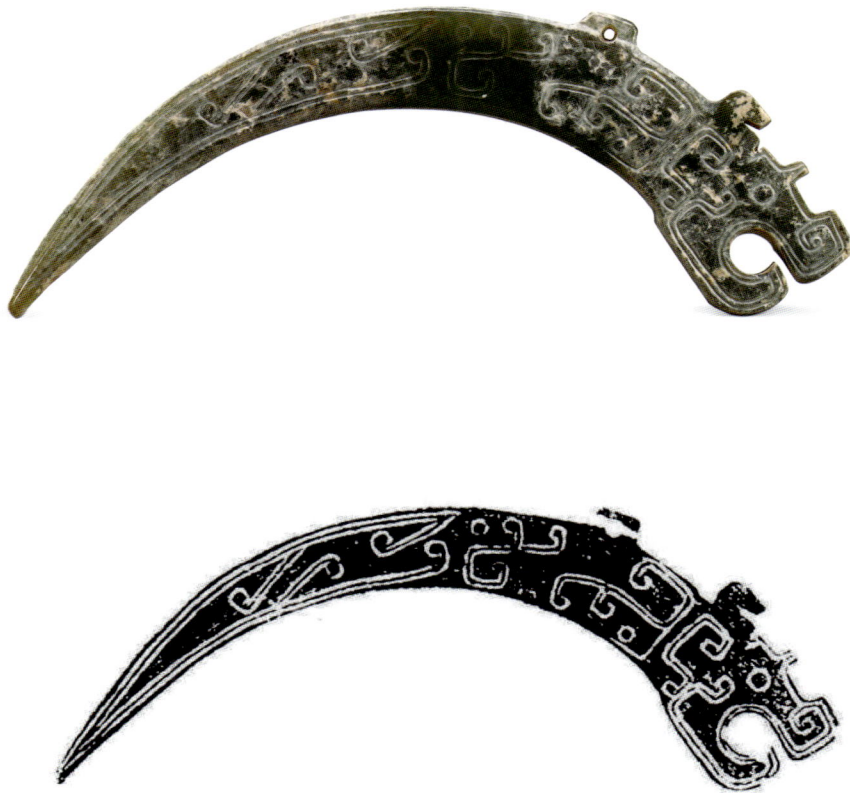

名称	山东滕州大韩东周墓地
介绍	该墓地共清理春秋晚期至战国晚期大中型墓36座、战国末期小型墓100座，出土青铜器、陶器、玉器、骨器等文物800余件。大韩东周贵族墓的发掘，对研究泗河中游地区东周文化遗存和完善该区域文化谱系、研究泗上十二诸侯国及其与周边古国关系等诸多方面具有重要学术价值。

青铜壶

———

春秋

通高 41.6 厘米，口径 8 厘米，底径 11 厘米

山东滕州大韩东周墓地 126 号墓出土

山东省文物考古研究院藏

青铜盘

————

春秋

通高 14.8 厘米，口径 46.5 厘米

山东滕州大韩东周墓地 43 号墓出土

山东省文物考古研究院藏

敞口，方唇，平折沿，弧腹，近平底，三粗矮蹄形足，沿
上对称双耳上部外撇。两耳上部饰兽面纹。盘内底铭文为："惟
正月初吉，辰哉庚午，郳大司马彊择其吉金，为其𫎇盘。故寿其
身，眉寿无疆，配飤无期。子子孙孙，永保用之"。

玉佩饰

春秋

山东滕州大韩东周墓地 64 号墓出土

山东省文物考古研究院藏

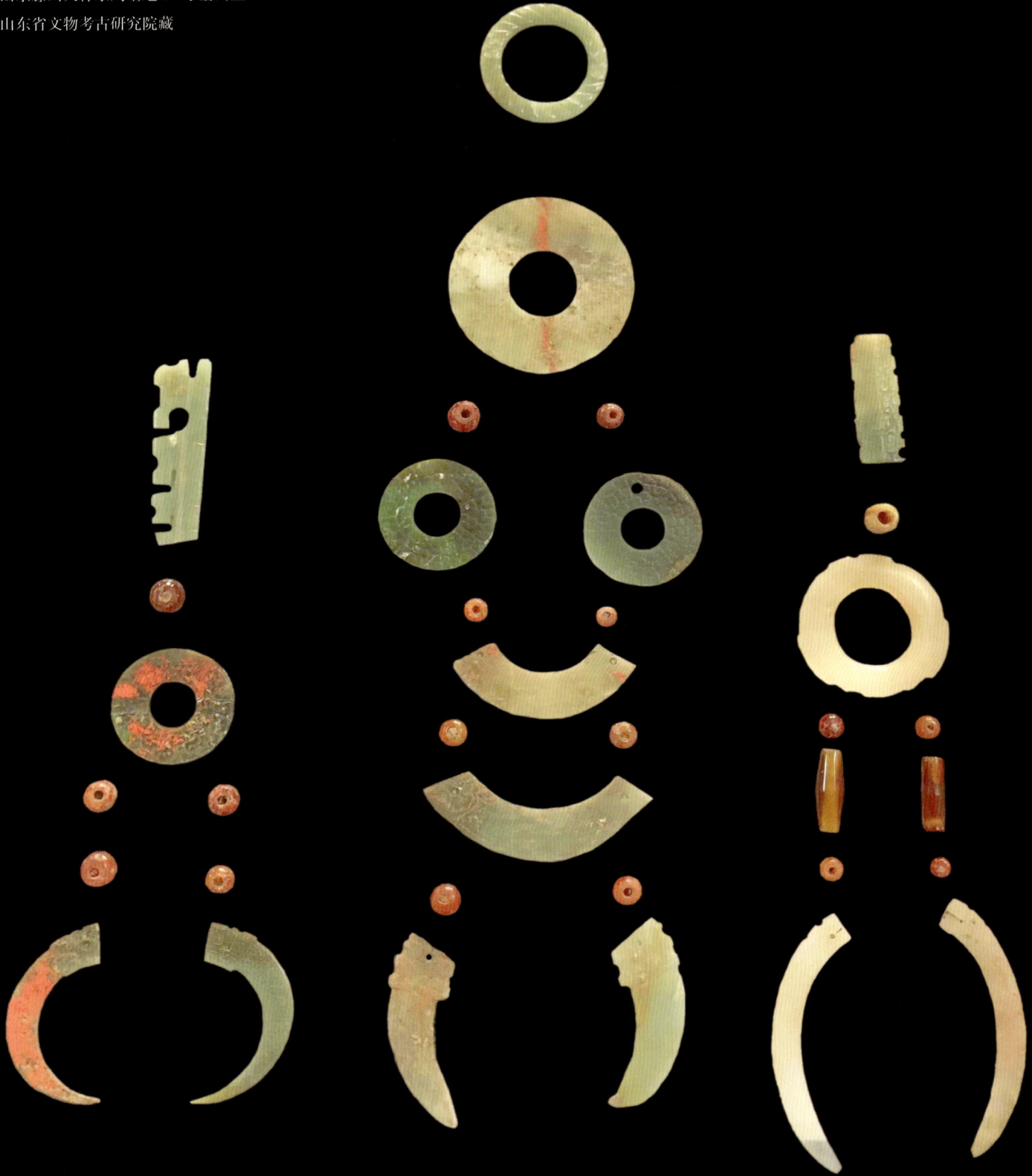

铜短剑

春秋
长 27.2 厘米，柄首宽 3.1 厘米
甘肃甘谷毛家坪遗址 1045 号墓出土
甘肃省文物考古研究所藏

　　毛家坪遗址应与古文献记载的某处历史名城或县邑对应，可能是古冀县的县治。发掘的周代秦文化遗存，为研究早期秦文化及其编年、秦人的迁徙路线、秦与西戎的关系等提供了重要资料。

玉项饰

————

春秋

长 28 厘米

甘肃宁县石家墓地南区 171 号墓出土

甘肃省文物考古研究所藏

　　石家遗址文化内涵复杂，对于探讨两周时期文化传播、民族融合及互动提供了新的考古学材料。

海宇攸同

Unification of the Country

　　统一多民族国家的建立和发展，是中华文明繁荣兴盛、延绵不绝的基础。中华文明具有统一性、包容性，在漫长的历史进程中，各民族文化上的兼收并蓄、经济上的相互依存、情感上的相互亲近，共同铸就了多元一体、灿烂辉煌的中华文明。新时代的考古成就，为各民族交融汇聚成多元一体的中华民族提供了新实证。

The establishment and development of a unified multi-ethnic nation is the foundation for the prosperity and continuity of a unified and inclusive Chinese civilization. In the long history, cultural inclusiveness, economic interdependence, and emotional closeness among all ethnic groups have jointly created a diverse and splendid Chinese civilization. Archaeological achievements in the new era have provided new evidence for the formation of a diverse and integrated Chinese nation through the integration of various ethnic groups.

容融共生

Harmonious Coexistence

中华文明具有突出的包容性，从根本上决定了中华民族交往、交流、交融的历史取向。每一次民族大融合都促进了中华文明大发展，都壮大了中华民族共同体。一部中国史，就是一部各民族交融汇聚成多元一体中华民族的历史。

The remarkable inclusiveness of Chinese civilization fundamentally determines the historical orientation of how China's multiple ethnic peoples exchanged and integrated with one another. Each significant ethnic integration has propelled the great advancement of Chinese civilization and strengthened the community of the Chinese nation. In essence, China's history is one of the various ethnicities blending into the Chinese nation of diversity in unity.

名称	河南伊川徐阳墓地
介绍	伊川徐阳墓地被认为是陆浑戎贵族墓地。但徐阳墓地是东周时期葬制，墓葬排列、器物组合及葬俗具有典型的周文化风格，体现出陆浑戎对周礼的高度认同。墓葬等级差别十分明显，大中型贵族墓中随葬品丰富，且普遍陪葬车马坑，而平民墓中随葬品相对单一。此外，在徐阳墓地大中型贵族墓陪葬车马坑或部分中小型墓内还发现放置马、牛、羊的头蹄的殉牲现象。这种葬俗与春秋时期中国西北地区戎人葬俗相同，反映徐阳墓地族群与西北地区戎人存在渊源。它的发现证实了文献所载的"戎人内迁伊洛"历史事件，是研究中原地区少数民族迁徙和融合的重要资料。

青铜编钟（12件）

春秋

镈钟高 28~36 厘米、宽 18.5~24 厘米

钮钟高 15~28 厘米、宽 9~17.5 厘米

河南伊川徐阳墓地出土

洛阳市考古研究院藏

　　镈钟3件，器体厚重，钮部作两虎相背，合瓦形钟体，口平齐。钮钟9件，"U"形钮，合瓦形钟体，截面呈尖椭圆形。

石磬（9件）

春秋
长 21.5~62 厘米，宽 8.5~16.5 厘米
河南伊川徐阳墓地出土
洛阳市考古研究院藏

均为灰色岩石制作。形制相同，大小依次递减，通体磨光，上部近折处有圆形穿孔。

青铜镄

———

春秋

通高 5.5 厘米，口径 4.4 厘米，腹径 5 厘米

河南伊川徐阳墓地出土

洛阳市考古研究院藏

铜镄是北方游牧民族的生活器具。敞口、尖唇、直腹近底略弧，圈足，口沿有对称两耳。

青铜罍
————
春秋

通高 36 厘米，口径 16.8 厘米，底径 16 厘米

河南伊川徐阳墓地出土

洛阳市考古研究院藏

　　盖敞口，对称四个环形柄，器身直口，溜肩，平底内凹，腹部有对称衔环。

金耳环、鎏金铜牌饰

春秋

金耳环直径 2 厘米

铜牌饰长 10.5 厘米，宽 4.5 厘米

河南伊川徐阳墓地出土

洛阳市考古研究院藏

精巧的工艺和带有异族特色的风格，透出浓浓的游牧民族气息。

名称	云南祥云大波那墓地
介绍	大波那墓地是滇西地区为数不多的高规格墓地，其中出土的很多器物与周边石棺墓出土的器物相似。鉴于此地为"昆明族"的主要活动区域，本次发掘为探讨、研究云南洱海区域"昆明族"的文化和社会状况提供了重要的实物资料。

青铜杖首

战国至西汉

高 6 厘米，长 7 厘米，厚 1.4 厘米

云南祥云大波那墓地 19 号墓出土

云南省文物考古研究所藏

　　此类杖首共出土 4 件。鸟身站立状，双腿处直接圆柱形銎。鸟首处和身上饰有纹饰。銎近圆柱体、中空，用来纳柄。

青铜杖首

战国至西汉
高 9.2 厘米，长 6.5 厘米，厚 1.3 厘米
云南祥云大波那墓地 12 号墓出土
云南省文物考古研究所藏

　　双鸟对立站在台座上。銎近圆柱体，中空，用来纳柄。铜杖首应为墓主人身份的象征，权杖是一种身份、权威的象征，推测墓主人生前应有一定的社会地位。

青铜钺

————

战国至西汉

高 9.8 厘米，长 11 厘米，厚 1.9 厘米

云南祥云大波那墓地 12 号墓出土

云南省文物考古研究所藏

共出土 2 件。正看形如靴子，反观则如一鹰造型。钺身两面上铸有鹰形纹，同西区出土铜棺上的鹰纹相似，两个墓地应存在联系。

青铜剑

———

战国至西汉

高 28.1 厘米，宽 3.7 厘米

云南祥云大波那墓地 12 号墓出土

云南省文物考古研究所藏

　　出土于棺内底部一侧，同其他铜器放置在一起，出土时颜色为金红色。12 号墓属大型墓葬，随葬品共 59 件，铜剑只 1 件。此剑为山字格螺旋纹柄，为洱海区域的代表型铜剑，整体和颜色保存之好，实属难得。

青铜矛

———

战国至西汉

高 27 厘米，宽 4.2 厘米

云南祥云大波那墓地 12 号墓出土

云南省文物考古研究所藏

　　此矛为洱海区域的代表型铜矛，矛身为柳叶形，中段收窄，两面中央各起一脊，接近筒部饰有孔雀翎纹，筒侧有双耳，筒口作鸭嘴状。

青铜铃

战国至西汉
高 4.9 厘米，宽 2.1 厘米
云南祥云大波那墓地 14 号墓出土
云南省文物考古研究所藏

　　顶部有半圆形小钮，口部平。顶部中央下方有一穿孔，内置横梁，用以系铃舌，舌伸长出口外。铃身两面各有一浇铸孔。

青铜锄

战国至西汉
高 4.5 厘米，长 4.1 厘米，厚 0.9 厘米
云南祥云大波那墓地 12 号墓出土
云南省文物考古研究所藏

　　尖叶形铜锄，两面各有一个长方形孔，銎口部位饰有两道弧形纹饰，銎口内还插有一木棒。铜锄较小，应为明器。该墓随葬铜锄15件，反映出大波那地区农业生产的重要性及水平。

名称	云南保山昌宁大甸山墓地
介绍	大甸山墓地出土随葬品以青铜器为主，另有铜铁合制器、铁器、琥珀、陶器等，许多器物为首次发现和考古出土，对研究哀牢国历史文化具有重要意义。哀牢国为存于战国至东汉早期西南地区的早期王国之一，于东汉永平十二年（69年）归附中央王朝。墓地出土器物中的铜铁合制器、铁器等明显受到汉文化影响，是云南西南边疆融入国家大一统的见证。

人面纹青铜弯刀

战国至西汉

长 61 厘米，宽 10 厘米，厚 2.6 厘米

云南保山昌宁大甸山墓地出土

保山市博物馆藏

　　该件弯刀形硕大，銎部为椭圆形，柄两侧有凸起的人面纹。人面纹与銎口之间有一圈两条弦纹夹竖条纹的纹饰。刀刃呈弧状，刀刃背部下侧有"几"字形血槽。弯刀是哀牢国极具代表性的器物，也是其最为独特的武器和礼器，卷尖人面纹弯刀至目前仅出土 1 件，更为珍贵和难得。

青铜盒

战国至西汉
通高 31.5 厘米，底宽 22.8 厘米，厚 4 厘米
云南保山昌宁大甸山墓地出土
保山市博物馆藏

铜盒是古哀牢国独有器物。该器由盖、身扣合而成，内部中空。盖呈马鞍形，器身两侧各铸一个环钮。顶部饰斜线方格纹，盖和器身饰多重斜线棱纹和圆圈纹。

青铜指护（5件）

战国至西汉
长 8~10.6 厘米，环径 2.2~2.5 厘米
云南保山昌宁大甸山墓地出土
保山市博物馆藏

　　铜指护是哀牢国的饰品，同时也是身份地位的象征。1套10件，长短不一，分别对应戴在双手10个手指上。整体似船型，两端呈尖状。在每个指护中段有一圆形指环，供套戴。从可见的铜质来看，指护闪闪银色，耀眼夺目，为国内外考古发现仅见。铜指护除了具有普通饰品的功能，更为重要的是其身份的象征，是哀牢国部族首领抑或王的器物。另外，指护的外形与哀牢民族崇拜的老虎的虎爪极其相似，锋利尖锐，兼具攻击性能，因此也是一件武器。

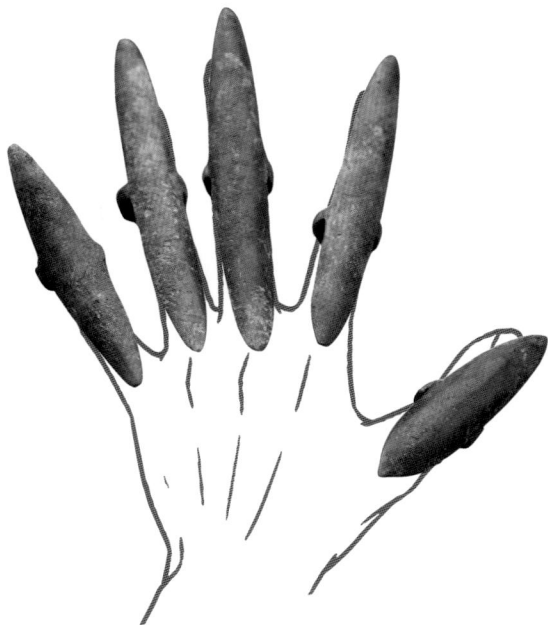

青铜矛、青铜镦

战国至西汉

矛长 51 厘米，宽 4.5 厘米，厚 1.8 厘米

镦长 47.5 厘米，宽 2.5 厘米，厚 2.3 厘米

云南保山昌宁大甸山墓地出土

保山市博物馆藏

矛骹呈圆筒形，骹口下饰有 10 道珠链纹，两侧有一对称耳，其下有凹印的鹰纹饰于两侧，鹰纹图案布满珠链纹。銎口内还存留有木柲，当有木柲连接矛与镦。铜镦呈长圆锥形，圆形銎口，銎部稍下饰有 9 道珠链纹。

名称	陕西西安少陵原十六国大墓
介绍	本次考古发现了三座十六国时期高等级墓葬，三座墓葬从布局到随葬器物既有显著的中原传统汉文化特点，又具有少数民族文化特色，为研究文化交流、民族融合提供了新的资料，反映了中华文明由多元到一体的历史演进过程。

骑马击鼓俑（6件）

十六国时期
长 35 厘米，马高 32 厘米，通高 38 厘米
陕西西安少陵原十六国大墓出土
西安市文物保护考古研究院藏

　　击鼓俑与马分体制作，粘接而成。俑头戴圆帽，身穿交领右衽紧袖短衣，下着白袴，足蹬尖头靴，端坐于马上，左手平举鼗鼓，右手执枹敲击左侧腰间悬挂的鞌鼓。

骑马吹角俑（7件）

十六国时期
长33厘米，马高32.5厘米，通高38.5厘米
陕西西安少陵原十六国大墓出土
西安市文物保护考古研究院藏

　　吹角俑与马分体制作，粘接而成。俑头戴圆帽，身穿交领右衽紧袖短衣，下着白裤，足蹬尖头靴，端坐于马上。双手握一弯曲的长角，作吹角状。

陕西西安
少陵原十六国大墓

云南晋宁
大阪山墓地

大阪山墓地的土地是墓地是墓地为土，并有墓地合葬墓
成墓。墓地，墓道为，许多墓物入首次发现和考古出土，对研
究所有陕近历史文化具有重要意义。昆明墓为昆了十汉国重要遗址
墓地的是有墓地，昆明墓山墓地之一，于东汉永平十二年（公元69年）
时利于中央王朝，晋墓出土的墓地和的墓地墓地合葬墓，，经墓地墓地是
其汉文化影响，是云南省西南边疆进入汉王一统的见证。

本次考古发现了三座十六国时期高等级墓葬，二座墓葬从布局到随葬器物既有显著的中原传统汉文化特点，又具有少数民族文化特色，为研究文化交流、民族融合提供了新的资料，反映了中华文明由多元到一体的历史演进过程。

名称	陕西西安江村大墓
介绍	江村大墓，即霸陵，是西汉文帝刘恒的陵寝。南陵外藏坑出土的众多金银器具有草原风格，是先秦两汉时期农牧文化交流与融合的直接证据，见证了中华文明由"多元"到"一体"的历史发展趋势。

龙首金花饰

西汉

长 3 厘米，花口径 2.3 厘米

陕西西安江村大墓出土

陕西省考古研究院藏

兽面金饰

西汉

高 1 厘米，长 4 厘米，宽 3.3 厘米

陕西西安江村大墓出土

陕西省考古研究院藏

金泡饰

西汉

高 0.7 厘米，底部长 3、宽 2.7 厘米

陕西西安江村大墓出土

陕西省考古研究院藏

名称	甘肃武威慕容智墓
介绍	甘肃武威吐谷浑喜王慕容智墓，是目前发现唯一保存完整的吐谷浑王族墓葬。墓葬以唐代葬制为主，兼有吐谷浑、吐蕃、北方草原等文化因素，生动揭示了吐谷浑民族逐渐融入中华文明的历史史实。

彩绘风帽俑

唐代
通高 23.5 厘米，宽 6.9 厘米，
厚 3.7 厘米
甘肃武威慕容智墓出土
甘肃省文物考古研究所藏

彩绘风帽俑

唐代
通高 23.3 厘米，宽 6.6 厘米，
厚 5.5 厘米
甘肃武威慕容智墓出土
甘肃省文物考古研究所藏

　　头戴披肩风帽，外披交领窄袖大衣，内着窄袖长袍，腰系宽带。双手拱于胸前，交抱处留有小孔，原当持物。

彩绘陶卧羊

———

唐代

通高 9.3 厘米，座长 12.7、宽 8.6 厘米

甘肃武威慕容智墓出土

甘肃省文物考古研究所藏

　　四肢弯曲跪卧在长方形平托板之上。通体施白色陶衣，吻部略涂红彩。

木梳

———

唐代

长 8.2 厘米，宽 7.6~8 厘米

甘肃武威慕容智墓出土

甘肃省文物考古研究所藏

木磨盘

唐代
高 2.2 厘米，直径 8 厘米
甘肃武威慕容智墓出土
甘肃省文物考古研究所藏

由底座、磨盘和推柄组成。底座略呈圆角方形，上方接圆柱形磨盘，磨盘一侧连接长推柄。

木碓

唐代
高 5.8 厘米，长 19.8 厘米
甘肃武威慕容智墓出土
甘肃省文物考古研究所藏

平面呈长方形，由底座、附架与长杵组成，底座上带臼窝。长杵接在附架的横挡上，前端下方凸出一根击棒。击棒及臼窝涂有石绿色颜料。碓是一种脱壳工具，以足踏杠杆以举碓的践碓出现在西汉时期。

铡刀

唐代
高 13.8 厘米，宽 4.8 厘米
甘肃武威慕容智墓出土
甘肃省文物考古研究所藏

由前档、横杆、支架、长杵与铡刀组成。

名称	吉林图们磨盘村山城遗址
介绍	磨盘村山城坐落于吉林图们磨盘村南约2千米处，城垣依山势沿山脊或山腹以石块和沙土砌筑，周长4549米。学界普遍认为磨盘村山城为金末东夏国城址。城内发现的诸多证据也表明，东夏国作为一个地方割据政权，脱胎于金王朝，并认同中华文明，具有中华文明的文化基因，实证了中华文明多元一体的历史发展进程。

东夏国铜印

金代 天泰四年（1218 年）
边长 6.3 厘米，重 516.7 克
吉林图们磨盘村山城遗址出土
吉林省文物考古研究所藏

　　这枚铜印平面呈正方形，方柱状钮。正面边框内阳刻"监支纳印"，背面刻"天泰四年五月造"，印钮顶端阴刻"上"字。据文献记载，监支纳"正八品，掌支纳诸物"。也就是说，监支纳为金国设置的官职，主管支出和收储。天泰四年也就是公元1218年，这个时间正是蒲鲜万奴自立后，将国号改为东夏的时期。

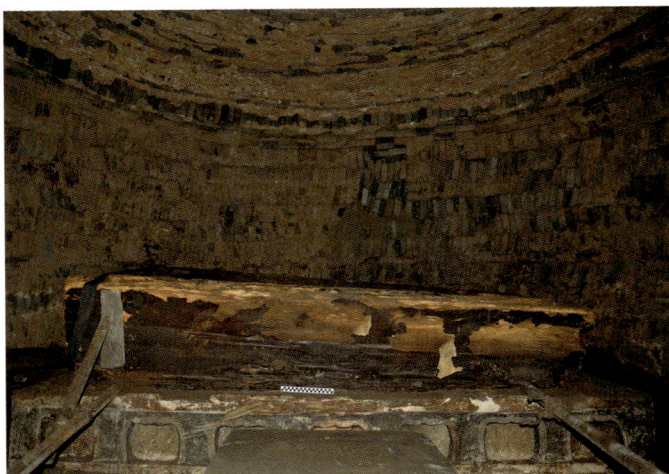

名称	内蒙古多伦辽代贵妃家族墓葬
介绍	该墓葬出土瓷器以定窑白瓷、越窑青瓷为主，最大特点是口、足部多包金饰，且加有金、银盖，是辽代扣器出土最为集中的一次。该墓葬还出土了5件伊斯兰玻璃器，为草原丝绸之路的研究提供了不可多得的实物资料。据墓志可知，2号墓的墓主人为辽圣宗贵妃，这是辽代贵妃墓葬的首次发现，为研究辽代历史，特别是辽代后族的萧氏家族及辽代奚族的研究提供了珍贵资料。

带盖葫芦瓶

辽代
高 36 厘米，口径 4.8 厘米，底径 11 厘米
内蒙古锡林郭勒小王力沟辽墓出土
内蒙古自治区文物考古研究院藏

　　瓶身母口，整体呈葫芦状。圈足内正中施釉后刮去，再在其上刻正书"官"字款。

青瓷摩羯纹盆

————————

辽代

高 9.6 厘米，口径 29.5 厘米，底径 12.5 厘米

内蒙古锡林郭勒小王力沟辽墓出土

内蒙古自治区文物考古研究院藏

　　内壁近口沿处饰两道弦纹，其间饰折枝蔓草纹。内底部饰摩羯纹，两摩羯均龙首鱼身，首尾相衔。

银锔青瓷器盖

————————

辽代

高 6.5 厘米，口径 19.8 厘米

内蒙古锡林郭勒小王力沟辽墓出土

内蒙古自治区文物考古研究院藏

　　器盖破损，在当时用银片、银铆锔补，说明该器物深受主人喜爱。

莲花形铜烛台

辽代

通高 52 厘米，通宽 46 厘米

内蒙古锡林郭勒小王力沟辽墓出土

内蒙古自治区文物考古研究院藏

烛台保存完整，置于后室西部。中间为圆柱状杆，可分三节。附件及装饰可分三层，顶部第一层烛台为筒形口、仰莲托。中间第二层在莲叶托中部有方形花蕾，花蕾下三个方形卡槽内嵌入三支曲柄烛台；烛台的形状、大小基本相同，均为筒形口、仰莲托。第三层为大片莲叶，有两处经过填补的砂眼。圆柱状杆的底部连接三个弯弧蹄形足，足尖呈如意云头状。烛台的各部件分体铸造，焊接成形，然后套接、插嵌组合而成，拆装自如。

万里同风

Unity across the Vast Land

中华文明具有突出的统一性，从根本上决定了中华民族各民族文化融为一体。秦汉开启了中国统一的多民族国家发展的历程。经历数千年的风云变幻，无论是朝代更迭，还是群雄纷争，中国总是一个不可分割的整体。

Chinese civilization exhibits a strong character of unity, which fundamentally determines the integration of the cultures of all ethnic groups of the Chinese nation. The Qin (221–206 BCE) and Han (202 BCE–220 CE) dynasties initiated the process of China's development into a unified multi-ethnic country. Ever since, over more than 2,000 years, China has remained an indivisible whole despite the change of dynasties or wars.

玉人（男性）

战国至西汉时期
长 13.28 厘米，宽 2.91~3.06 厘米，厚 1.43~1.49 厘米
2018 年陕西宝鸡吴山遗址 K3 出土
宝鸡市陈仓区博物馆藏

　　长条形，较厚重，青玉，玉质较好，切割薄厚较为均匀。顶端雕刻出头部轮廓，表面刻画五官，线条较模糊，仅眼睛、嘴巴可见，无发髻。中部偏上阴刻两道横线，示意博带，下横线延伸至侧面斜向上。背部光滑无纹饰。

玉人（女性）

战国至西汉时期
长 10.38 厘米，宽 1.43~1.58 厘米，厚 0.85~1.33 厘米
2018 年陕西宝鸡吴山遗址 K3 出土
宝鸡市陈仓区博物馆藏

　　长条形，较厚重，青玉，切割薄厚不一，表面有裂。顶端雕刻出头部轮廓，表面刻画五官，线条模糊不清，依稀可见眼睛和嘴巴。中部偏上阴刻两道横线，示意博带，上横线延伸至侧面斜向上。背部光滑无纹饰。有学者认为，这种长条形玉人及玉琮目前大量出现于甘肃天水的平南祭祀遗址，说明这种形制的玉人、玉琮可能来自于甘肃东部，这应当是秦人东进过程中"畤随都移"传统的反映。

玉琮

———

战国至西汉时期

正面边长 6.89~7.15 厘米，孔径 3.48 厘米，厚 2.37~2.89 厘米

2018 年陕西宝鸡吴山遗址 K3 出土

宝鸡市陈仓区博物馆藏

正方体，中部穿孔，青玉，切割薄厚不一。正面四角磨出三角形装饰，背面一角残破，与正面相同，均在四角磨出三角形装饰。男、女玉人和玉琮，出土位置皆位于车舆内。

铁锸

———

战国至西汉时期

长 13.1 厘米，宽 6.2 厘米

2018 年陕西宝鸡吴山遗址 K3 出土

宝鸡市陈仓区博物馆藏

铁质，直口一字形，长方形銎口，锈蚀严重。铁锸古称臿，《释名》记载臿是插地起土的农具，相传为神农氏所作。

名称	江西南昌汉代海昏侯国遗址
介绍	该遗址是我国目前发现的面积最大、保存最好、内涵最丰富的汉代侯国聚落遗址。迄今已出土的1万余件文物，形象再现了西汉时期高等级贵族的生活，具有极高的历史价值、艺术价值和科学价值。

马蹄金

西汉

最高 3.5 厘米，底径最长 5.9 厘米、最宽 5.3 厘米

江西南昌西汉海昏侯刘贺墓出土

南昌汉代海昏侯国遗址博物馆藏

　　分大、小两种，形制相似，均呈马蹄状，中空，斜壁，前壁高，后壁低，使顶部呈一斜面，底部较为规整。有的顶部镶嵌有琉璃或玉石。近口沿处外围一周饰有采用花丝镶嵌等细金工艺制成的纹饰。马蹄金底部或铸有或贴有"上""中"或"下"字，部分有损坏。

麟趾金

西汉

最高 3.5 厘米，底径最长 4.8 厘米、最宽 1.5 厘米

江西南昌西汉海昏侯刘贺墓出土

南昌汉代海昏侯国遗址博物馆藏

　　中空，斜壁，前壁高，后壁低，底部呈椭圆形。有的顶部镶嵌琉璃或玉石。近口沿处外围一周饰有采用花丝镶嵌等细金工艺制成的一组纹饰。后壁靠近纹饰一端有金丝攒成的花蕾状凸起。麟趾金底部铸有"上""中"或"下"字。据史书记载，马蹄金、麟趾金是汉武帝感于祥瑞频现而铸的纪念物，以此"班赐诸侯王"。

鹿形青铜镇

西汉
通高 5.5 厘米，底长 7.5 厘米
江西南昌西汉海昏侯刘贺墓出土
南昌汉代海昏侯国遗址博物馆藏

　　卧鹿状，其首上昂。背部中空，呈凹槽形。此鹿镇背部原镶嵌有贝壳，后可能因保存不佳而腐朽。鹿被称为神兽、仙兽，寓意祥瑞、长寿，寄托人们对功名利禄的追求。

名称	西藏札达桑达隆果墓地
介绍	桑达隆果墓地多样的墓葬形制和大量的出土器物，呈现出西藏西部早期的考古学文化特征，为探讨当时的社会结构、生业模式及其与喜马拉雅山脉南麓、新疆、中原、西藏其他区域的交流提供了重要资料。

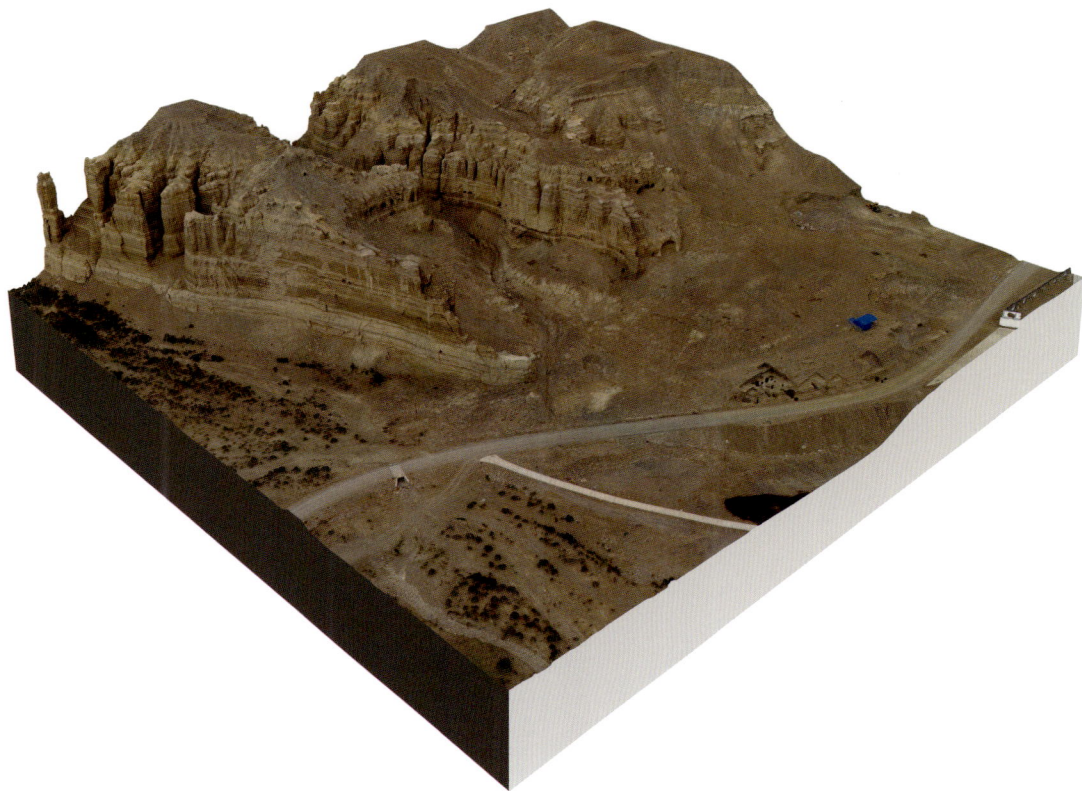

金挂饰（5件）

公元前 300 至公元 500 年
每件长 4 厘米，宽 2.5 厘米
西藏札达桑达隆果墓地出土
西藏自治区文物保护研究所藏

雄狮鸟纹金耳勺

公元 7—9 世纪

通长 9.5 厘米

西藏拉萨当雄墓地出土

西藏自治区文物保护研究所藏

柄部的朱雀造型有明显的唐代风格。

围棋子

公元 7—9 世纪
直径约 1.1 厘米，厚约 0.3 厘米
西藏拉萨当雄墓地出土
西藏自治区文物保护研究所藏

　　当雄墓地出土了 90 多颗石质围棋棋子，说明当时吐蕃的文化活动与中原唐文化的关系十分密切，是各民族交往、交流、交融的重要实证。

名称	河北张家口太子城金代城址
介绍	太子城遗址是第一座经考古发掘的金代行宫遗址，是仅次于金代都城的重要城址，也是近年来发掘面积最大的金代高等级城址，结合文献，推测为金章宗夏捺钵的泰和宫。城址为双重城垣选址理念，主体建筑呈轴线分布、前朝后寝的布局方式，对金代捺钵制度、行宫的选址与营造研究有重要意义。

白釉"尚食局"款瓷碗

金代

高 13.1 厘米，口径 28.3 厘米，底径 11.4 厘米

河北张家口太子城金代城址出土

河北省文物考古研究院藏

城址发现细白釉瓷均为定窑产品，胎薄质坚，釉色莹润，器类有碗、盘、杯、壶、罐等，发现碗外底有上釉后、烧制前刻的"尚食局"款者18件。

嫔伽

金代

通高 46.8 厘米，残宽 14.4 厘米，底径 12.5 厘米

河北张家口太子城金代城址出土

河北省文物考古研究院藏

　　由模制的头部、躯体和底座、翅膀等拼装而成。头戴宝冠、面部祥和、上身人形，袒露胸部，双手捧一圆盒状物于胸前；下身鸟形，背生双翅，尾部平伸，立于兽头形底座上。

仙人

金代

通高 50 厘米，残宽 13.6 厘米，底径 12.3 厘米

河北张家口太子城金代城址出土

河北省文物考古研究院藏

泥质灰陶，上身前倾，立于云头形底座上。头部前后半模合制，身躯、底座左右半模合制，头与身体通过实心榫柱连接。

兽头

金代

通高 45.2 厘米，宽 32.8 厘米

河北张家口太子城金代城址出土

河北省文物考古研究院藏

数量较多，多为残件，应为垂脊或戗脊兽，由外凸的龙首形陶塑贴附板瓦状弧板构成。

凤鸟

金代

通高 40 厘米，宽 19.8 厘米

河北张家口太子城金代城址出土

河北省文物考古研究院藏

　　由模制的头部、躯体和底座、翅膀等拼装而成。

连弧纹滴水

金代
通长 37.3 厘米，大端宽 19 厘米
河北张家口太子城金代城址出土
河北省文物考古研究院藏

　　滴水檐面为连弧形，分布呈横向四段式，
檐面有压印纹饰。

檐头筒瓦

金代

当径 15 厘米，当心厚 2.9 厘米

河北张家口太子城金代城址出土

河北省文物考古研究院藏

当面呈圆形，浅浮雕，正面浮雕兽面。

"官"字长方形砖

金代

长 35.3 厘米，宽 16.3 厘米，厚 4.5 厘米

河北张家口太子城金代城址出土

河北省文物考古研究院藏

长条形砖多用在墙体包砖、台基基槽、散水与道路两侧。

"宫"字长方形砖

金代

残长 17.2 厘米，宽 17.2 厘米，厚 5.2 厘米

河北张家口太子城金代城址出土

河北省文物考古研究院藏

　　长条形砖刻有"内""宫""官"三类款识。三类文字款中，"内"字数量非常多，"宫""官"款数量相对较少。

三 "内"字方砖

金代

长 34.8 厘米，宽 34 厘米，厚 4.8 厘米

河北张家口太子城金代城址出土

河北省文物考古研究院藏

　　沟纹方砖上只刻"内"字款。

殊方
共享

Sharing a Common Future

中华文明自古就以开放包容闻名于世，在同其他文明的交流互鉴中不断焕发新的生命力。横跨欧亚的陆地丝绸之路和连接亚非的海上丝绸之路，是在漫长的历史发展过程中逐渐形成的，承载着中国与世界的交往与对话，也见证了人类文明在交流融合中的辉煌发展。

Chinese civilization is renowned for its openness and inclusiveness since ancient times, and it has continuously radiated new vitality through exchanges and mutual learning with other civilizations. The overland Silk Road across Eurasia and the maritime Silk Road connecting Asia and Africa took shape gradually over the long course of history. They served as platforms for the communication and dialogue between China and the rest of the world and witnessed the magnificent development of human civilization through communication and integration.

无所畛域
No Boundaries

丝绸之路开通之前，中原与欧亚草原就存在着密切的文化交流。张骞通西域之后，陆上丝绸之路不仅是中国与欧亚非各国之间商业贸易的通道，更是沟通东西方文明的桥梁。在它的引领下，中国沟通了世界，世界也进入了中国。

Before the opening of the Silk Road, there had been close cultural exchanges between China's Central Plains and the Eurasian steppes. After Zhang Qian traveled to the Western Regions as a Chinese imperial envoy during the Western Han dynasty (202 BCE–8 CE), the overland Silk Road became not only a pathway for trade between China and countries in Europe, Asia, and Africa but also a bridge between Eastern and Western civilizations. Through the Silk Road, China was introduced to the world and the world to China.

名称	新疆温泉呼斯塔遗址
介绍	呼斯塔遗址位于新疆温泉县东北约40公里的阿拉套山脚下，地处欧亚草原东部，是古代东西方文化交流的重要通道。遗址主要由核心区及外围遗迹组成，总面积超过12平方千米，是目前已知博尔塔拉河流域最大、结构最为复杂的青铜时代遗址，年代距今3600年左右。呼斯塔遗址为研究早期东西文化交流、"史前丝绸之路"的形成过程提供了难得的材料。

角柄青铜短剑

青铜时代早期

长 26.9 厘米，宽 4.1 厘米

新疆温泉呼斯塔遗址出土

中国社会科学院考古研究所藏

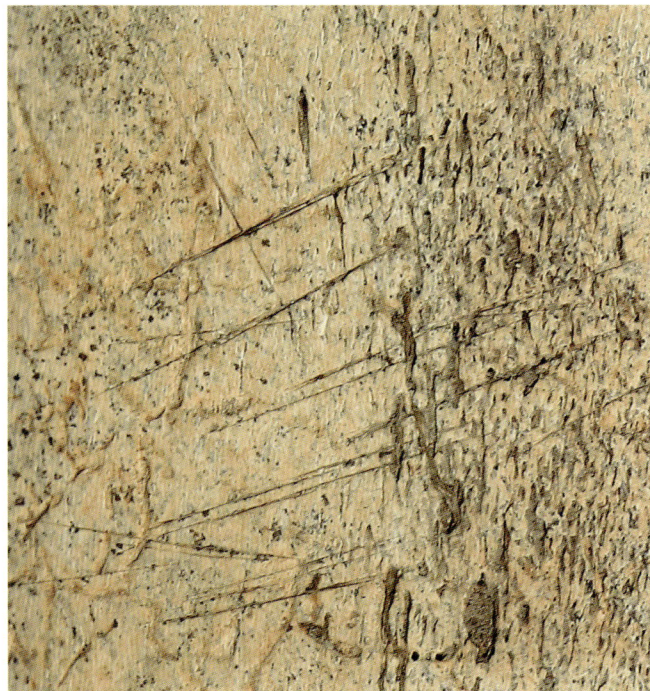

角柄青铜锥

青铜时代早期
长 20.5 厘米，宽 1.5 厘米
新疆温泉呼斯塔遗址出土
中国社会科学院考古研究所藏

保存完整、做工精良，锥柄表面还装饰了细密规整的刻画网格纹，是目前亚欧草原地区最为完整的角柄青铜武器，弥足珍贵。

滑石范

青铜时代早期
长 10.3 厘米，宽 3.1 厘米，厚 0.9 厘米
新疆温泉呼斯塔遗址出土
中国社会科学院考古研究所藏

天珠

公元 3 世纪
长 2.85 厘米，最大径 0.9 厘米
西藏阿里札达县曲踏墓地出土
西藏自治区阿里地区札达县文化旅游和体育局藏

　　天珠，藏语称"瑟"（Dzi），由于藏族先民认为其是天降之物，具有驱邪、避祸等功能，因此冠以"天珠"之名。天珠是以蚀花工艺制成的玛瑙珠，制作历史可追溯到公元前 2000 年，制作中心有美索不达米亚和印度等，后经西亚至印度或从中亚经于阗传入西藏地区。这颗马齿纹天珠是西藏地区考古发现的年代最早的 3 世纪天珠。

玻璃珠

公元 3 世纪
西藏阿里札达县曲踏墓地出土
西藏自治区阿里地区札达县文化旅游和体育局藏

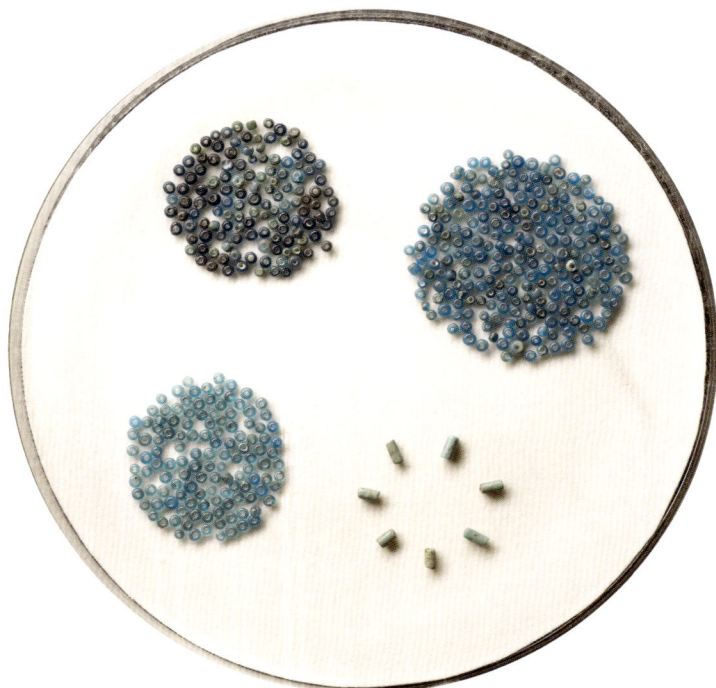

名称	青海都兰热水墓群 2018 血渭一号墓
介绍	青海道是丝绸之路上的一条重要的干线，都兰则是东西方贸易的中转站。热水墓群是 6 至 8 世纪重要墓葬群，血渭一号墓为热水墓群发现的结构最完整、体系最清晰、墓室最复杂的高等级墓葬。其中发现的墓园祭祀建筑、殉牲坑、五神殿的墓室结构、壁画、彩棺，以及出土的大量精美遗物等，对研究唐（吐蕃）时期热水地区的葬制、葬俗及唐帝国与少数民族关系史、丝绸之路交通史、物质文化交流史等相关问题具有重要价值。

双狮日月金牌饰

公元 8 世纪

长 10.3 厘米，宽 6.2 厘米，重 45 克
青海都兰热水墓群 2018 血渭一号墓出土
热水联合考古队暂存

模铸，正面凸起，中心是由日、月和宝相花上下组合的图案。日、月纹是在细金粟边框内填绿松石而成，宝相花在细金粟边框内，由中心的椭圆形紫水晶和围绕周边的绿松石组成，向上伸出的枝蔓上镶绿松石三颗，外绕细金粟边框。中心图案两侧各浮雕一带翼蹲坐的雄狮，两狮相向，均昂首张口分衔日、月。狮身各镶嵌一颗紫水晶。背面有系带的环状穿孔。

镶绿松石金链

公元 8 世纪

链条长 83.2~90 厘米，直径 0.5 厘米，重 729 克

青海都兰热水墓群 2018 血渭一号墓出土

热水联合考古队暂存

　　金链两端为镶嵌绿松石的方形搭扣，搭扣一侧有环。中间是链身，由三根链条组成，每根链条由4股8条金线编织成"人"字形结构的花纹，工艺复杂。

玛瑙串珠

公元 8 世纪

管形长珠长 5.5 厘米，直径 1.1 厘米

包金管形珠长 2.4 厘米、直径 0.9 厘米，金边长 0.7 厘米

小圆珠直径 1~1.3 厘米

扁圆珠直径 1.8 厘米，厚 0.7 厘米

大圆珠直径 1.9 厘米

绿松石珠长 1.2 厘米，直径 1 厘米

青海都兰热水墓群 2018 血渭一号墓出土

热水联合考古队暂存

  串珠共 27 颗，除一管状绿松石外，余皆为红色玛瑙，半透明状。

錾指金杯

公元 8 世纪
高 6.5 厘米，口径 11 厘米，足径 4 厘米
青海都兰热水墓群 2018 血渭一号墓出土
热水联合考古队暂存

　　敞口，圆唇，弧鼓腹，圜底，矮圈足。上腹有一道折棱，口部与折棱间装有一环形把手，把手上部有指垫，下部有指錾。折腹器这种形制是西方较为流行的器物造型，由此可见西方文化对青海地区的影响。

名称	内蒙古正镶白旗 伊和淖尔墓群
介绍	伊和淖尔墓群是一处北魏时期的家族性贵族墓地，具有鲜明的鲜卑文化特色，但部分遗物又具有异域特色，说明该族群利用草原丝绸之路与中亚、西亚、欧亚草原建立了一定的商贸联系，或由这些地区迁徙而来。伊和淖尔墓群的发掘，为研究北魏时期的草原丝绸之路、边疆历史及民族关系提供了极为珍贵的实物材料。

金项圈

北魏
长 23 厘米，宽 28.5 厘米，厚 0.4 厘米
内蒙古正镶白旗伊和淖尔墓群 3 号墓出土
锡林郭勒博物馆藏

项圈整体是一个条状的半圆形，表面有三处焊接着莲瓣底托座。尾部是一个三角形，并坠有月牙形装饰，上面镶嵌着绿松石，下面是花瓣形的小饰件。表面錾刻着忍冬纹。

鎏金錾花人物银碗

北魏

口径 14.2 厘米，高 4 厘米

内蒙古正镶白旗伊和淖尔墓群 1 号墓出土

锡林郭勒博物馆藏

敞口，弧腹，圜底，底部有四个人物头像，口沿下有连珠纹一周。腹部伸展出四组阿堪突斯叶纹，将腹壁四等分，每一等分之间的小叶纹之上托着一个圆环，圆环内各捶揲一个人头像，头像皆侧身，高鼻深目，两两相对，三女一男。三女子相貌年轻，发式各不相同。男子中年相貌，头发较短，下颌蓄胡须。该碗与大同北魏墓群 107 号墓的鎏金刻花银碗、109 号墓的鎏金錾花高足银杯及大同轴承厂北魏遗址出土的錾花银碗的纹饰和风格基本相同。有学者认为属于萨珊波斯器形，也有人认为是萨珊波斯属国贵霜—萨珊王国的产品。

铜耳杯

北魏
长 12.4 厘米，宽 9.2 厘米
内蒙古正镶白旗伊和淖尔墓群 1 号墓出土
锡林郭勒博物馆藏

　　椭圆形，两侧各有一弧形扁耳，全身铜制。耳上鎏金，其上捶揲植物枝叶纹。这种形制的耳杯在山西大同安留庄墓、山西大同封和突墓、宁夏固原雷祖庙墓等北魏时期墓葬中均有出土。

玻璃碗

北魏
高 4.1 厘米，口径 10 厘米，底径 4 厘米
内蒙古正镶白旗伊和淖尔墓群 1 号墓出土
锡林郭勒博物馆藏

　　保存完整，蓝色，透明，直口，弧腹，小圈足。有学者认为该玻璃碗可能是大月氏工匠采用西方工艺和配方在北魏地区制造的产品。

木胡人俑

唐代

高 55.8 厘米，宽 17.5 厘米

甘肃武威慕容智墓出土

甘肃省文物考古研究所藏

　　头戴黑色尖顶帽，上身着青灰色翻领窄袖长袍，内衬朱红色圆领窄袖衣，下身穿朱红色长裤，足蹬黑色高勒靴，典型的胡人形象。

名称	甘肃泾川 宋龙兴寺佛教遗址
介绍	宋龙兴寺佛教遗址共出土佛教造像260余件（组），造像年代历经北魏、西魏、北周、隋、唐、宋等时期，延续时间较长，内涵丰富，是甘肃近年佛教考古的一个重大发现。

菩萨立像

隋代

高 85 厘米，宽 22.5 厘米

甘肃泾川宋龙兴寺佛教遗址出土

泾川县博物馆藏

　　戴三叶冠，中间花叶内化佛一身，上饰忍冬纹，下缘饰莲瓣纹，两侧花叶上饰忍冬纹，宝缯下垂于肩。菩萨体态婉转曲折，面相圆润，长眉细目，高鼻小嘴，大耳垂肩，带有耳珰，下颌丰颐、细颈，戴圆形花尾纹项圈，中间装饰有圆形饰品，下部为流苏状饰物。菩萨身着长裙，衣褶流畅，垂至脚踝。整体造像生动传神，是隋代菩萨造像的代表作之一。

菩萨立像
———
隋代

高 88 厘米，宽 22.5 厘米

甘肃泾川宋龙兴寺佛教遗址出土

泾川县博物馆藏

　　菩萨束髻，戴三叶宝珠高冠，冠中央饰摩尼宝珠。菩萨面相丰圆，大耳下垂，戴耳珰，项圈上饰联珠纹和麦穗纹。肩部饰圆饼形物，上垂长飘带及双重璎珞。菩萨上着僧祇支，下着裙。左手戴手镯，右手下垂、提净瓶。跣足立于圆形台座上。

彩绘石造像碑

北周

高 66 厘米、宽 31 厘米、厚 6.5 厘米

甘肃泾川宋龙兴寺佛教遗址出土

泾川县博物馆藏

　　造像碑正面分三段。上段中间刻二佛并坐。中段中间尖楣圆拱形龛内雕一佛二弟子像。龛外两侧各雕一站立身形瘦长戴宝冠的供养菩萨像。龛楣外侧两端对称各雕三身跪姿供养弟子。下段残存部分极少，仅在右侧可见一装饰有宝珠的华盖，据雕刻内容推测极有可能为《维摩诘经·文殊问疾品》。如此，正面的造像仍以反映法华思想的二佛并坐和维摩思想的问疾品为主。造像碑背面上部帐形浅龛中间刻一站立菩萨像，两侧各依次由大到小刻四身供养弟子像。

岸引舟行

Ships Guided by the Shoreline

两千余年来，作为东西方之间贸易和文化交流的海上大动脉，海上丝绸之路同样承载着中国与世界的交往和对话。活跃在海上丝绸之路上的商船，不仅运输瓷器、丝绸等大宗货物，还载有金银器、漆木器、香料等商品，不同的文化也在贸易中相互借鉴、融合。

For over 2,000 years, being the maritime artery of trade and cultural exchanges between East and West, the maritime Silk Road served as the platform for the interactions and dialogues between China and the rest of the world. Merchant ships navigating the maritime Silk Road not only transported bulk commodities like porcelain and silk but also carried goods such as gold and silver wares, lacquered woodware, and spices. Different cultures also learned from and merged with each other through trade.

名称	上海青浦青龙镇遗址
介绍	青龙镇遗址发现了大量唐宋时期的贸易陶瓷及相关遗迹，确证了青龙镇是上海最早的对外贸易港口，为海上丝绸之路考古研究提供了新的材料。

上海青龙镇隆平寺塔基遗址

青釉褐彩执壶

———

唐代

高 19 厘米，口径 8 厘米，足径 9 厘米

上海青浦青龙镇遗址出土

上海博物馆藏

喇叭形侈口，卷沿，颈部较高，深弧腹，假圈足，饼形底。八棱形短流，环錾，肩上立二系。流下模印贴片为一尊坐在圆毯上的雄狮，双系下模印贴片为椰枣纹。长沙窑瓷器很多是来样定烧产品，主要销往东南亚、阿拉伯及东非地区，艺术风格独特。

黑釉盏

———

宋代

高 4.3 厘米，口径 12.8 厘米，足径 4 厘米

上海青浦青龙镇遗址出土

上海博物馆藏

圆唇，敞口，斜直腹，圈足，碗心有鸡心凸。黑褐胎，胎体较薄，胎质坚致。施黑釉，釉色略泛红，内壁满釉，外壁施釉至足部。釉层稀薄均匀，口沿因流釉而呈红褐色，下腹部垂有凝结，有兔毫纹。整器造型雅致，修足规整，属建盏精品。

青釉葵口盏

———

唐代

高 5.7 厘米，口径 11.6 厘米，足径 6.8 厘米

上海青浦青龙镇遗址出土

上海博物馆藏

圆唇，葵口，葵口下有 5 道短凹线，内底刻画写意荷花一朵，圈足外撇。灰黄色胎，釉色青中泛黄。该件盏与越窑荷花芯窑址出土的盏相似，年代在晚唐，约 9 世纪晚期到 10 世纪初。

青釉长颈瓶

南宋
高 15 厘米，足径 6 厘米
上海青浦青龙镇遗址出土
上海博物馆藏

　　洗口，长颈，圆弧腹，圈足外撇。通体施淡青釉，有细小开片。造型雅致，釉色清淡含蓄，为龙泉窑典型器物。

青白釉花口盏托

北宋
高 3.3 厘米，口径 11.6 厘米，足径 7.3 厘米
上海青浦青龙镇遗址出土
上海博物馆藏

此为台盏的托座。托盘平折沿，中间置圆台，六出花口形，托台腹壁折收成高圈足。足底有一气孔。胎质坚致，施青白釉，釉色均匀，造型雅致。这件为江西景德镇窑产品。

青釉褐彩盆

唐代
高 20 厘米，口径 30 厘米，足径 12 厘米
上海青浦青龙镇遗址出土
上海博物馆藏

圆唇，卷沿，深弧腹，假圈足。内壁满饰青黄釉，外壁施釉近底。内外壁各有四个对称分布的三点状褐彩斑。这件为浙江德清窑产品。

青釉刻花碟

南宋
高 3.4 厘米，口径 15 厘米，底径 5.6 厘米
上海青浦青龙镇遗址出土
上海博物馆藏

　　圆唇，敞口，浅弧腹，平底。内外满施青白釉。内底刻画
两朵荷花。此类器形见于南宋龙泉窑的产品，该件产品应为福
建义窑仿烧龙泉窑的产品。

陶碾槽

———

唐代

高 6.6 厘米，残长 15.3 厘米，口宽 7.7 厘米

上海青浦青龙镇遗址出土

上海博物馆藏

　　陶碾槽平面呈船形，中间有一凹槽，座底面平。瓷碾轮为圆饼形，正中有一圆孔，可装柄。碾槽和碾轮配合使用，主要用于碾茶或药。

瓷碾轮

———

宋代

直径 11.4 厘米，孔径 2 厘米，厚 2.2 厘米

上海青浦青龙镇遗址出土

上海博物馆藏

名称	江苏张家港黄泗浦遗址
介绍	经过多年的考古工作，对唐宋河道的揭露，河道内大量的砖瓦瓷片，以及栈桥遗迹的发现，说明黄泗浦遗址作为港口在江南地区有着重要的历史地位。发掘出的大量来自全国多地窑口的瓷器，勾勒出集镇繁荣的图景；诸多唐代遗迹的揭露和大量遗物的出土，为实证鉴真第六次从黄泗浦成功东渡提供重要依据。该遗址的发现为中外文化交流、陆路和海运交通路线及海岸线变迁等研究提供了新的视野。

三彩水盂

唐代
高 4.3 厘米，口径 2.5 厘米，腹径 6.5 厘米
江苏张家港黄泗浦遗址出土
南京博物院藏

　　小口内收，圆弧腹，小平底，腹部以上施白、黄、绿三彩釉。该类陶器主要烧制于河南巩义窑。

青釉褐彩模印贴花椰枣纹执壶

唐代
残高 23.6 厘米，底径 12 厘米
江苏张家港黄泗浦遗址出土
南京博物院藏

　　长直颈，斜弧腹，棱形短斜流，肩部残存对称的三条形系。腹部四面贴塑椰枣纹。该器为湖南长沙窑产品。

青釉猴塑

唐代
高 6.2 厘米，宽 4.6 厘米
江苏张家港黄泗浦遗址出土
南京博物院藏

通体施酱黄釉。大猴背小猴的造型通常表达"辈辈封侯"的寓意。

青釉执壶

宋代
高 19.5 厘米，口径 9.8 厘米，底径 7.6 厘米
江苏张家港黄泗浦遗址出土
南京博物院藏

执壶是隋代出现的酒器之一，又称注子、注壶。此壶青釉，喇叭口，长直颈，长曲流，片状柄，长圆腹有浅瓜棱纹，矮圈足。肩部两侧饰有贴塑。

青釉盖盒
———
唐代
高 6.1 厘米，腹径 8 厘米，底径 4.5 厘米
江苏张家港黄泗浦遗址出土
南京博物院藏

　　盖盒一般被认为是古代女子妆奁陪嫁所用，可分为梳妆类，如粉盒、油盒、奁盒等；非梳妆类，如香盒、药盒、花盒等。此盒圆弧形盖，盒身子口，弧腹斜收，小平底。通体施青釉，釉色均匀，细腻莹润。

青白釉盏
———
宋代
高 3.7 厘米，口径 11.2 厘米，底径 3.3 厘米
江苏张家港黄泗浦遗址出土
南京博物院藏

　　施青白釉，釉色均匀，盏内饰花朵图案。

青釉划花碗
———
宋代
高 5.2 厘米，口径 13.6 厘米，底径 4.6 厘米
江苏张家港黄泗浦遗址出土
南京博物院藏

　　此件为越窑产品，碗内外施青釉，内饰花草纹。越窑窑址位于浙江余姚、上虞、绍兴一带，以造型和釉色取胜。

青釉刻花碗

宋代
高 8.1 厘米，口径 18.6 厘米，底径 5.5 厘米
江苏张家港黄泗浦遗址出土
南京博物院藏

　　此件为龙泉窑产品，通体施青釉，内壁饰花草纹。龙泉窑窑址主要分布在浙江省南部和福建省北部，至今已发现 500 余处窑址。其产品不仅内销，还是海外贸易的重要参与者。

青釉碗

宋代
高 5 厘米，口径 13 厘米，底径 4.1 厘米
江苏张家港黄泗浦遗址出土
南京博物院藏

黑釉兔毫盏

宋代
高 5.4 厘米，口径 12.8 厘米，底径 3.7 厘米
江苏张家港黄泗浦遗址出土
南京博物院藏

　　该器为宋代典型的斗笠盏式样。

陶扁壶

宋代

高 20 厘米，宽 18 厘米，厚 8.1 厘米

江苏张家港黄泗浦遗址出土

南京博物院藏

短颈，壶腹扁圆，双肩带系。一面呈青灰色，光素无纹，另一面施一层较厚的黄褐色化妆土，上饰草叶纹。具有北方少数民族和西亚风格的双系草叶纹扁壶，是当时南北文化交流的见证物。

铜镜
———
唐代
直径 20.1 厘米，厚 1.8 厘米
江苏张家港黄泗浦遗址出土
南京博物院藏

圆形，伏兽钮，器形较厚重，以高浮雕葡萄纹为主题纹饰，其构图分为内外两区。内区以钮座为中心，六瑞兽均匀排列一圈，瑞兽之间满饰缠枝葡萄纹；外区饰葡萄、鸟雀、蝴蝶等图案。考古资料表明，海兽葡萄镜主要流行于唐代前期，使用范围非常广泛。唐代海兽葡萄镜还沿丝绸之路向西传入今中国新疆、西亚伊朗，向东传入今日本、朝鲜等地。

名称	广东"南海 I 号"南宋沉船
介绍	"南海 I 号"是迄今为止中国发现的保存最好的古代沉船，其沉没地处在广东中部通往西部海上交通的主航道上，是古代中国通往西方世界的海上丝绸之路必经之地。作为一个相对独立而又结构完整的水下遗存，其在文物、船体、社会关系、生态环境等诸多方面蕴藏着极其丰富的信息，彰显了南宋时期海洋活动的繁荣景象，也是古代"海上丝绸之路"繁盛的历史见证。

金璎珞胸佩

南宋

通长 32 厘米，重 272.7 克

"南海 I 号"沉船出水

广东省文物考古研究院藏

　　此胸佩由 3 条金链、2 块左右对称犀角形牌饰、5 连扣环链、3 条流苏坠饰组成，3 个挂饰分别为桃坠饰、桃心牌饰。

金叶子（2件）

南宋

长9.8厘米，宽3.3厘米，重39.6克

长10.1厘米，宽3.3厘米，重37.5克

"南海Ⅰ号"沉船出水

广东省文物考古研究院藏

　　"南海Ⅰ号"共发现9件完整的金叶子，其中8件共出于1件漆盒内，并戳印"韩四郎""晋李四郎""王助教□"等铭文。此金片正面砸印锉记，四角竖向"霸南街东"，中间竖向"王帅教置"。

青白釉印花六棱执壶

南宋

高 26.6 厘米，口径 6.7 厘米，腹径 13.9 厘米

"南海 I 号"沉船出水

广东省文物考古研究院藏

执壶呈六棱形，青白釉偏白，壶身印牡丹花纹、卷草纹。

青白釉印花小碗

南宋
高 5.4 厘米，口径 11.1 厘米，底径 4.65 厘米
"南海 I 号"沉船出水
广东海上丝绸之路博物馆藏

青白釉婴戏纹碗

南宋
高 5.5 厘米，口径 19.6 厘米
"南海 I 号"沉船出水
广东海上丝绸之路博物馆藏

青白釉菊瓣碟

南宋
高 1.7 厘米，口径 10.1 厘米
"南海 I 号" 沉船出水
广东海上丝绸之路博物馆藏

绿釉印花菱花口碟

南宋
高 1.5 厘米，口径 10.4 厘米
"南海 I 号" 沉船出水
广东省文物考古研究院藏

　　磁灶窑，模印六瓣菱口，平折沿，
弧腹，平底略内凹。

白釉印花罐及喇叭口瓶（6件）

南宋

罐高 9.72 厘米，口径 4.58 厘米，底径 7.15 厘米

瓶高 5.49 ~ 6.35 厘米，口径 2.75 ~ 3.14 厘米

"南海 I 号"沉船出水

广东省文物考古研究院藏

青釉盘

南宋

高 3.9 厘米，口径 19.32 厘米，底径 7.05 厘米

"南海 I 号"沉船出水

广东省文物考古研究院藏

名称	江苏太仓樊村泾元代遗址
介绍	据推断，樊村泾元代遗址为一处具有官方背景的瓷器贸易中转集散地，出土的瓷器除浙江龙泉窑、江西景德镇窑以外，还涉及宋元时期南北各地诸多窑口。这些瓷器具有明显的外销属性，是元代太仓港参与海上贸易的实物证据，为海上丝绸之路考古提供了新的材料。

青釉弦纹三足炉

————

元代

高 10.2 厘米，口径 15.2 厘米，底径 7.4 厘米

江苏太仓樊村泾遗址出土

苏州市考古研究所藏

内折沿、直筒腹，矮圈足撑地，兽蹄形三足悬空，腹壁饰三道平行宽带纹。施粉青釉，底内外无釉。这种筒式炉是宋代至明代流行的一种炉式。此炉器型端庄秀巧，釉色莹润淡雅，恰合文人士大夫复古的追求，以及崇尚清雅的艺术品位。瓷炉也是常见的外销瓷器品种。该件为浙江龙泉窑产品。

青釉印花牡丹纹碟

元代

高 3.4 厘米，口径 14.3 厘米，底径 8.6 厘米

江苏太仓樊村泾遗址出土

苏州市考古研究所藏

青釉碗

———

元代

高 8.3 厘米，口径 20.9 厘米，足径 6.9 厘米

江苏太仓樊村泾遗址出土

苏州市考古研究所藏

　　敞口，圆唇外翻，深弧腹，矮圈足，口沿至腹部有一处窑裂。此碗体形较大，胎体厚重，通体施粉青釉，釉色肥厚莹润。该件为浙江龙泉窑产品。

青釉鼓丁洗

———

元代

高 7.4 厘米，口径 19.8 厘米，底径 5.7 厘米

江苏太仓樊村泾遗址出土

苏州市考古研究所藏

　　通体施青釉，釉质肥润，釉面伴有冰裂纹。此器造型优美，大气雅致，是元代龙泉瓷中的经典之作，新安元代沉船有类似器物。

青釉双耳衔环瓶

元代
高 17 厘米，口径 4.4 厘米，底径 5.1 厘米
江苏太仓樊村泾遗址出土
苏州市考古研究所藏

宋、元、明三代均有。喇叭口，长筒颈中束，颈中部对称镶嵌方耳衔圆环，并饰两道弦纹，胆腹、矮圈足，圈足底无釉。该件为浙江龙泉窑产品。

青釉高足杯

元代
高 8.3 厘米，口径 11.7 厘米，足径 3.9 厘米
江苏太仓樊村泾遗址出土
苏州市考古研究所藏

敞口，深弧腹，高足外撇。内外施青釉。高足杯盛行于元、明两代，烧制最多的窑口有景德镇窑和龙泉窑。对于其功用，一般定为酒器。但文献图画资料中，高足碗也是桌上盛放果子、馒头等食品的容器。该件为浙江龙泉窑产品。

青釉菊瓣纹荷叶盖罐

元代

盖高 3.4 厘米，直径 18.5 厘米

罐高 14.5 厘米，口径 13.7 厘米，底径 10.7 厘米

江苏太仓樊村泾遗址出土

苏州市考古研究所藏

　　荷叶盖罐始见于南宋时期，因其罐盖形如翻卷荷叶而得名，是元代龙泉窑罐中最多、最有代表性的器物。樊村泾遗址出土了大量荷叶盖罐残片。这件青釉罐应为荷叶盖罐的残器，直口、短颈、丰肩鼓腹、浅圈足。通体内外施青釉，罐口和足边无釉。相比南宋口径更大，造型稳重美观。

青釉堆塑人物纹水注

元代

残高 5.6 厘米，底径 5.2 厘米

江苏太仓樊村泾遗址出土

苏州市考古研究所藏

黑釉盏

元代

高 5 厘米，口径 11.2 厘米，足径 3.5 厘米

江苏太仓樊村泾遗址出土

苏州市考古研究所藏

卵白釉"枢府"款盘

元代

高 4 厘米，口径 15.5 厘米，底径 5 厘米

江苏太仓樊村泾遗址出土

苏州市考古研究所藏

　　残裂，拼接修复，敞口，尖唇，浅弧腹，圈足；内壁模印牡丹纹，"枢""府"二字对称模印于花卉之间，底心亦有花卉纹；白色薄胎，通体施卵白釉，足底无釉。除此之外，还发现有"福""禄"款。该件为江西景德镇窑产品。

青黄釉划花斗笠盏

元代

高 4.5 厘米，口径 13 厘米，底径 3.1 厘米

江苏太仓樊村泾遗址出土

苏州市考古研究所藏

素三彩刻花荷花纹盘

元代

江苏太仓樊村泾遗址出土

苏州市考古研究所藏

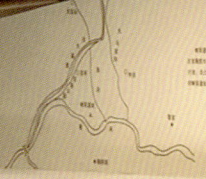

早期文明
Early Civilization

中华文明从哪里来、从何时起，历来就是重大研究课题。中国考古学对中华文明的起源、形成、发展的历史脉络，对中华文明多元一体格局的形成和发展过程，对中华文明的特点及其形成原因等，都有了更为清晰的认识，提出了文明定义和文明形成标准的中国方案，实证了中华五千多年文明。

The questions of where Chinese civilization originated and when it started have always been a primary research topic. Chinese archaeologists have an increasingly clear understanding of the origin, formation, and evolution of Chinese civilization. They also have a firm grasp of the formation and development of the unity-in-diversity pattern of Chinese civilization, its characteristics, and the causes for its formation. Based on these, Chinese archaeologists have put forward the Chinese solutions for defining civilization and standardizing its formation and have provided evidence for the Chinese civilization spanning over 5,000 years.

繁星满天

距今6800年至5100年前后，中华文明逐渐节奏加速，黄河、长江以及西辽河等区域地现了文明起源迹象，各地区文化呈现"满天星斗"格局发现。距今5100年至4300年前后，黄河中下游地区建立人文明起点，我国的文明进程逐渐呈现出"多元并进、中原汇聚"的发展格局。

中原地区

河南巩义
双槐树遗址

双槐树遗址是距今5300年前后经过精心选址的都邑性聚落遗址，是黄河流域仰韶文化中晚期的核心聚落。以双槐树遗址为代表的郑洛地区这一聚落群的发现，填补了中华文明起源关键时期、关键地区的关键材料。

岸别舟行
Ships Guided by the Shoreline

两千余年来，作为东西方之间贸易和文化交流的海上大动脉，海上丝绸之路同样承载着中国与世界的交往与对话。活跃在海上丝绸之路上的商船，不仅运输瓷器、丝绸等大宗货物，还载有金银器、漆木器、香料等商品，不同的文化也在贸易中相互借鉴融合。

For over 2,000 years, being the maritime artery of trade and cultural exchanges between East and West, the maritime Silk Road served as the platform for the interactions and dialogues between China and the rest of the world. Merchant ships navigating the maritime Silk Road not only transported bulk commodities like porcelain and silk but also carried goods such as gold and silver wares, lacquered woodware, and spices. Different cultures also learned from and merged with each other through trade.

我国深海考古重大进展
南海发现两处古代沉船

2022年10月，在我国南海西北陆坡约1500米深度海域发现两处古代沉船。其中一处定名为南海西北陆坡一号沉船，文物以瓷器为主，推测数量超过10万件，根据出水文物初步判断为明代正德年间（1506—1521年）。另一处定名为南海西北陆坡二号沉船，发现大量原木，初步研判是从海外装载货物驶往中国的古代沉船，初步判断为明代弘治年间（1488—1505年）。

图书在版编目（CIP）数据

鉴往知远：新时代考古成果展 / 高政主编 . 北京：北京时代华文书局，2024.8
ISBN 978-7-5699-5563-7

Ⅰ . K87

中国国家版本馆 CIP 数据核字第 2024NS2969 号

JIANWANG ZHIYUAN： XINSHIDAI KAOGU CHENGGUO ZHAN

出 版 人：陈　涛
项目统筹：余　玲
责任编辑：张正萌
执行编辑：田思圆
责任校对：初海龙
装帧设计：上官天梦　邢子琦
责任印制：刘　银

出版发行：北京时代华文书局 http://www.bjsdsj.com.cn
　　　　　北京市东城区安定门外大街 138 号皇城国际大厦 A 座 8 层
　　　　　邮编：100011　电话：010-64263661　64261528

印　　刷：北京雅昌艺术印刷有限公司
开　　本：965 mm×1270 mm　1/16　　　成品尺寸：235 mm×305 mm
印　　张：25　　　　　　　　　　　　字　　数：249 千字
版　　次：2024 年 8 月第 1 版　　　　　印　　次：2024 年 8 月第 1 次印刷
定　　价：560.00 元

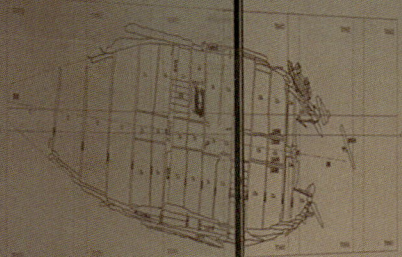

中国国家博物馆

全国考古发现系列丛书

鉴往知远

新时代考古成果展

Learn from the Past
and Know the Future
China's Archaeological Achievements
in the New Era

高政 主编

Editor in Chief　Gao Zheng

北京时代华文书局